Nemoto Hiroyuki
根本裕幸

執着を手放して「幸せ」になる本

放下執念，找到通往幸福的道路

賴郁婷 譯

前言

找到幸福的「唯一」方法

我是個心理諮商師，很多人都會帶著各種煩惱來找我。

A：「為什麼我的戀情都沒辦法長久？」

B：「老婆很氣我太小氣，請問我要怎麼改變自己小氣的個性？」

C：「我先生有外遇，可是我不想離婚……我要怎麼做，才能挽回我們的婚姻呢？」

這些看似不同的煩惱，其實在本質上都是一樣的。人的煩惱，很多都是來自於「執著」這種扭曲的心理。

如果將上述這些煩惱換成背後隱藏的真正想法來說就是：

A：「我一直忘不了之前交往的對象。」

B：「我不想再過以前那種辛苦的日子。只要有錢，我才會放心。」

C：「我怕跟先生離婚之後會失去現在的生活。」

戀情也好、金錢也好、離婚也好，煩惱其實是來自於「不想放手」的念頭，換言之就是心裡有所執念。

正在看這本書的你，想必一定也是因為多少感覺到自己的煩惱背後，隱藏著某種執念，不是嗎？

練習放手，抓住真正的幸福

執著指的是內心被特定的「人」、「東西」或是「狀況」所困，卻不願意放手的狀態。雖然不至於強烈到「無法放手」，不過當你感覺到被制約、不自由、擔心害怕，卻還是想「繼續維持某種狀態」，這就表示你的內心很可能已經存在著某種執念。

「既然如此，只要不再執著不就得了。已經分手的情人，就趕快把他給忘了。如果現在的生活不必為錢煩惱，大方一點又有什麼關係？至於外遇的老公，就離開他吧，為自己展開全新的人生比較重要。」

對執念不瞭解的人很容易會這麼說。

那些來向我尋求諮商的人，當然也都明白這些道理（他們家人和朋友也會再三給予同樣的忠告），但是即便如此，他們還是放不下心中的執念。

這是因為，執念並不是說放下就能放下的東西，就算知道對自己不好，也沒辦法說放手就放手。

在我的客戶當中，有些人一方面受執念所苦，一方面卻又緊抓著執念不放，甚至有人覺得抱著執念讓自己很有安全感。也有不少人對自己的執念根本毫無察覺。就連執念的對象和原因也各不相同，可以說是十分複雜的心理。想要擺脫這些，需要耗費非常多的精力。

但是即便如此，我還是要很肯定地說：放下執念絕對是正確的選擇。

因為執念會剝奪人內心的幸福感，不論是誰，只要還緊抓著執念不放，人生永遠不會感到幸福快樂。

換言之，執念是幸福路上的絆腳石。

身為心理諮商師，我希望為受執念所苦的人伸出援手，讓他們能再度擁抱幸福，不再被執念綁架。

因此，我整理出一套方法，也就是這本書所要介紹的「放手練習」。

找到新戀情的A小姐

舉例來說，在A小姐陳述「自己的戀情無法持久」的過程中，我會先讓她知道，她對前男友的想念其實就是一種執念。

但是即便察覺到這一點，她仍然表示：

「我就是沒辦法對他死心，再說我也不想忘掉他。」

「你不必對他死心，不想忘記也沒關係，你只要放手就好。」

我請她做了幾項放手的練習，包括記錄心中負面情緒的「怨恨筆記」、找回初心的「一封感謝的信」、提醒自己邁向嶄新人生的「解開枷鎖的想像練習」等。

執念無法光靠一次的練習就成功放手，在這過程中，A小姐幾度傷心欲絕，也數度因為沮喪而逃避自己的內心，不過她並沒有因此停止練習。因為她相信，幸福就在成功的彼端等著她。

後來有一天，她忽然察覺自己的想法變得不一樣了。

「我很慶幸自己曾經愛過他，這樣就夠了。謝謝他讓我知道愛一個人是多麼幸福的一件事，現在我只要記住這一點就好，可以放下對他的思念了。」

不是忘記，也不是放棄，而是放手。領悟到這一點的A小姐，終於開始朝著嶄新的人生邁開腳步。

很快地她遇到新的對象，最後幸福地步上紅地毯。由於戀情發展得太快、太順利，讓原本知道她痛苦過去的朋友都覺得不可思議

成功放下執念的人都有一種共同的感覺：

「彷彿心中放下一塊大石頭，生活突然充滿希望。」

帶著正面的心態重新開始的人生，不論是事業、生活和戀愛，一切都會瞬間好轉。過去一直抓不到的幸福，現在反而主動找上門了——也有人會這麼形容。

放下執念不僅需要耗費極大的精力，而且非常困難。不過，我整理出來的這一套練習方法，雖然還是需要一定程度的精力，可是每個人都做得到，而且最後都會成功。

因為放手是每個人與生俱來的能力。

就像A小姐的案例，在她練習的過程中，我所做的只是陪伴在她身邊，提供她協助和支持而已。她最後能夠成功，靠的全是她自己的力量。

各位如果現在心中也有放不下的執念，絕對不是因為你固執不知變通，也不表示你是個軟弱的人，你只是不知道如何放手罷了。

事實上，你也有放手的能力。

等在前方的「幸福未來」

從事心理諮商的工作已經二十餘年，經手過的客戶多達兩萬多人。在處理這些人的煩惱和協助他們放下執念的過程中，我得到許多心得。如今，我將這些加以整理，濃縮成這本書的內容。

希望這本書能幫助各位克服煩惱，活出真正的自我。

真心期盼能看見各位帶著雀躍、期待的心情，迎接幸福的到來。

根本裕幸

〔基礎篇〕放手練習

第1章　緊纏不放的「執念」圈套

第2章 執念反映出來的「情緒」

【實踐篇】放手練習

第4章 「優先重視」自我情緒的小小練習

第5章 下定決心放下那個人

第6章 透過「怨恨筆記」宣洩情緒

第7章 說出心中的感謝，重新開始

［基礎篇］
放手練習

第 1 章

緊纏不放的「執念」圈套

放下執念，工作、生活和戀愛就能無往不利

執念會讓人受傷

「我想談一場美好的戀愛。」
「我希望跟家人和朋友一直幸福地在一起。」
「我想做出一番成績，得到大家的肯定。」

每個人的心裡都會像這樣抱著期待和願望，而這些願望會成為我們生活的動力。

可是，有時候這些念頭會變得扭曲，成為煩惱的主因。

「我想談一場美好的戀愛。」

→「忘不了舊情人，導致新的戀情無法持久。」

「我希望跟家人和朋友一直幸福地在一起。」

→「跟先生／太太／父母／小孩／朋友的關係處得不好，不知道該怎麼辦。」

「我想做出一番成績，得到大家的肯定。」

→「工作再努力，也只是換來疲憊，感受不到工作的意義。」

為了願望拚命努力，結果卻完全不如預期。情況一再重演也就算了，甚至變得更糟糕，只能抱著無法獲得滿足的期待，愈掙扎愈感疲憊。

最後受傷的只有自己。

像這樣令人不勝唏噓的情況，其實很多時候背後都隱藏著「執著」的扭曲心理。

「堅持」會帶來喜悅，「執著」卻是換來痛苦

「執著所展現的是『不放棄的精神』，這沒有什麼不好，不是嗎？」

也有人是這麼想的吧？不過從心理學的觀點來說，「執著」和「不放棄」，其實是兩個截然不同的概念。

一般來說，「執著」會用來表現像是「無論如何都要把這份合約搶到手」，或是「為了搶得甲子園的門票，這場比賽一定要贏」的心情。不過，在心理諮商當中，通常會把這種心情稱為「堅持」，和執著有所區別。

人在為了實現某個目標而抱著堅持的時候，會變得更積極。如果最後成功了，當然很開心；如果失敗了，雖然會感到懊惱，但是也會充滿成就感，願意繼續接受挑戰。

也就是說，堅持會伴隨著希望和夢想，讓人處於十分積極的狀態。

那麼，心理諮商中所謂的「執著」，指的又是什麼呢？

「執著」指的是對某個人（東西）十分在意，幾乎全部心思都被佔據，一心只想著「我一定要得手」、「說什麼我都絕不放手」，嘗試各種努力想達成目的。

這當中沒有任何希望和夢想，也沒有喜悅。佔據內心的只有恐懼、不安、悲傷、覺得自己毫無價值等充滿痛苦的感覺。

換言之，堅持和執著的差異就在於是否感受到「喜悅」，或者只有伴隨著「痛苦」。

為達成目標不願放棄。

這種心態就跟堅持一樣。既然如此，為什麼執著只會帶來痛苦呢？

在這裡我就先告訴大家答案吧。

那是因為，執著會讓人失去「選擇」。

給自己保留各種找到幸福的「選擇」

曾經有個女生來找我諮商，姑且就稱她為「小愛」好了。

她說：

「我和男友半年前分手了，可是我到現在還忘不了他。」

她的煩惱是，明知自己應該朝下一段戀情邁進，可是卻始終提不起勁。一問之下才知道，她和前男友的感情大約維持了兩年。聽到這裡，大家可能以為那兩年他們應該過得很幸福。不過她卻說：

「現在想想，我不覺得那是一段『幸福的愛情』。」

她告訴自己這段戀情早已畫下句點，必須快點把對方忘掉，可是嘗試了各種方法，都不是很順利。

「我找不到比他更好的人了……」

她不知道自己該怎麼做，於是決定尋求心理諮商的協助。

大家看懂了嗎？

這就是「選擇」被剝奪的狀態。

大家發現了嗎，小愛原本其實可以跟任何人展開新戀情，可是如今她一心只惦記著已經分手的前男友，導致所有跟「戀愛」有關的行動，甚至是判斷標準，直到現在都還以對方為中心。

「我想遇見比他更好的人。」

這句話表面上聽起來很積極，可是背後隱藏的心情卻是：「他」是最好的，除此之外的其他人我都看不上眼。

對現在的小愛而言，除了分手的前男友以外，沒有其他選擇了。換言之，對前男友的執念，導致她把自己逼入沒有選擇的狀態。

更正確的說法是「她執著於不自由的狀態」。

1 錯失機會

執念會剝奪人的選擇，讓人看不見其他東西。執念愈強烈，對周遭愈是視而不見，最後衍生出各種問題。

其中之一就是一再地錯失機會。當你希望自己變得更好的時候，執念就會跑出來扯你後腿，將一切的可能性全部扼殺。

以小愛的例子來說，雖然她嘴巴上說想再談一次戀愛，實際上就算身邊出現好男人，她也絲毫不會心動。因為她已經自我設限，一心只認定前男友，其他人完全看不上眼。

這麼一來只會錯失難得的機會。

再看看其他的例子。

眼裡只有前男友，
就算出現可能的對象也看不到

某男性上班族（姑且稱之為大輔好了）一直利用工作之餘私下進修會計師的相關課程。某一天，一位在商業講座上結識的好朋友打算自己開公司，特地來詢問他的意願。

「我正在找懂財務的人，你要不要跟我一起試試看？」

大輔本來就希望有一天能夠創業，從事財務方面的工作，所以這個邀約讓他非常心動。他把這個機會跟太太說，太太也表示支持，鼓勵他「如果想試試看，大可放手一搏」。

可是，幾經考量之後，最後他婉拒了這個大好的機會。

這是他自己經過思考做出來的選擇，因此照理說應該可以坦然接受，沒有什麼想不開的問題。可是，他後來卻一直對自己的決定深感後悔。

他跟那位朋友後來一直都還有保持聯絡，每一次聽到對方說起公司的成長，他就不禁懊悔。

「當初如果自己能鼓起勇氣接受就好了……為什麼那時候就是提不起勇氣

呢？」

幾年過去了，這樣的想法依然緊緊纏繞在他的內心擺脫不了。

深受其苦的他，最後來找我尋求協助。

當初被問到要不要一起創業的時候，除了心動之外，其實他心裡還有另一種感受，那就是強烈的不安。

過去發生的事情不管經過多久還是無法忘懷

大輔任職的公司頗有名氣，工作十分穩定，所以雖然很想轉換新跑道放手一搏，但是實在沒有勇氣放棄眼前的安定。

這是因為，他的原生家庭並不富裕，從小看著父母為錢辛苦奔波。阻礙他把握機會的，是他對穩定收入的執著，更進一步來說，是對「金錢」的強烈執念。

各位如果也很想嘗試新的挑戰，卻遲遲無法採取行動，很可能你也像大輔一樣，心裡其實存在著某種執念。

執念的圈套 2

別把自己的幸福擺在第二位！

執念引發的另一個問題是會讓人「喪失幸福感」。

所謂選擇被剝奪，意思是行動失去自由，只剩下唯一一個選擇。這會讓人感覺漸漸失去內心的餘裕，變得十分痛苦。

人在執著的狀態下，會將保有（自以為）唯一僅存的選擇視為最優先。

以下就以談戀愛為例來說明。

「除了這個人以外，沒有人會愛我。」

這種想法會讓你的一切行動全部受限於「只要能夠跟這個人在一起就好」。

只要能夠在一起，就算痛苦也沒關係；只要能夠在一起，就算對方不愛我也沒關係——會陷入這樣的心理狀態。

這時候的你只剩下痛苦，即便感覺不到任何幸福，你也會覺得「沒關係」。

結果會變成怎樣呢？

你會把自己的幸福、快樂和喜悅，全部擺在第二位。

假設這是所謂的「堅持」，就算過程讓人身心俱疲，應該還是能感受到快樂和喜悅，而且看得到希望。可是，執著完全看不到夢想和希望。

那麼，是不是只要對方也愛著自己，就能擁有幸福了呢？

答案是否定的。

因為執著會讓人感受不到愛。

人在執著的狀態下，內心只會充滿「萬一這個人離開我該怎麼辦？」的恐懼。這時候就算對方付出再多的愛，你也無法分辨。

也就是說，執念會讓人感受不到喜悅和幸福。

一心只有恐懼的你，會開始緊抓著對方不放，漸漸失去內心的餘裕。一旦變成這樣，你會把所有精力全部擺在「不能失去對方」，反而忽略了最重要的事——對方的感受和狀態。

原本應該追求的是對方的愛，如今卻完全感受不到。這一切全是執念所引起，可是對此毫不知情的對方只會覺得：

「你為什麼不相信我是愛你的？」

於是，也許就如同你一直以來的恐懼，對方真的會離你而去。

太執著於「戀人」以至於感受不到對方的愛

對於這種案例，我們心理諮商師通常會建議：

「放下心中的執念吧。」

放手的瞬間，你也許會失去眼前最在乎的東西。不過，你會變得比現在更自由，重新找回幸福感。

而且，事實上當你決定放下執念之後，真正重要的東西也會重新回到你身邊（詳細內容請見100頁）。

要點總結

執念是導致原本的「關係」破裂的主因。先學會思考什麼是真正的「幸福」吧。

你的執念是什麼？

「非得～才行」的想法是執念形成的前兆

執念不只會像小愛的例子一樣發生在戀愛關係中，在夫妻、親子、朋友等所有人際關係中，都可能出現執念。而且，就像大輔對金錢和工作（穩定收入）有所執念一樣，人有時候也會對物品和狀況產生執念，包括自己的東西、房子、土地，甚至是健康和時間等。

各位可以試著進行以下的測驗，想想自己對人事物是否存有這樣的想法。

大家也許會覺得意外，這些想法乍看之下應該跟執著沒有關係。不過，事

執著自我檢測表	對什麼執著？
□ 這個世上沒有人比他更愛我	戀人
□ 沒有錢，人生不可能幸福快樂	金錢
□ 萬一丟了工作，現在生活的一切都會離我而去	工作
□ 沒有車子，哪裡也去不了	汽車
□ 只要聽說「〇〇對健康很好」，就會忍不住想嘗試	健康
□ 我的字典裡沒有「離婚」這兩個字	婚姻
□ 感覺一直被時間追著跑，忙不過來	時間

實上各位看出來了嗎？這些想法透露出來的，並不是「我希望～」的心情，而是「我一定要〇〇才行」，或者是「萬一〇〇就糟糕了」等強烈的自我束縛。

這感覺就像整個思緒被某個人或某樣東西緊緊困住，讓人不斷往死胡同裡鑽。

「忍不住在意某樣東西」是很常見的一種人類心理，只不過，如果一想到它就覺得綁手綁腳、不自由，或是感覺像被什麼東西追著跑一樣焦慮不安，這些都顯示出你的內心很可能存在著某種執念。

1 徹底放棄

執著的「對象」各式各樣，同樣的，執著所引發的行為也有各種不同的模式。接下來就讓我們透過實際案例來看看執念會讓人做出哪些舉動。

案例

金錢觀不合引發婚姻危機！

——小氣吝嗇卻又愛亂花錢的背後原因？

誠

誠（化名）一直以來的生活就是「吝惜」和「散財」不斷反覆重演，有時候拚命努力存錢，有時候卻又大手筆地亂花錢。剛出社會時的他，幾乎是一毛不拔，像是聚餐之類的活動都一律謝絕，下了班就是回家自己下廚，簡單吃打發了事。後來存到一點錢之後，出手開始變得大方，會突然花大錢買昂貴西裝，或是買名牌送給女朋友。如今他因為被挖角到更大的公司，薪水也跟著水漲船高，但是花錢的習慣還是跟以前一樣，有時會闊氣地請部下喝酒聚餐，有時卻對生活花費斤斤計較。

目前已婚的他，仍然一手掌控家裡的財務，完全不想放手給太太打理。可是只要一進入「吝嗇期」，就連家裡的必要開支他都會嚴格限制。相反地一到「散財期」，又會突然帶著家人到高級餐廳吃飯。這種生活，想當然太太一定是抱怨連連：「為什麼你花錢的方式會這麼極端！」

為了改變自己的花錢習慣，他也曾經找過理財顧問尋求協助，結果只學到一些資產運用和家庭財務管理的知識，花錢的習慣依舊改不了。

夫妻兩人為了錢的事情不斷爭吵，最後甚至萌生「離婚」的念頭。後來，他在太太的協助下找上我。

誠執著的對象，簡單來說就是「金錢」，不過這卻也引發他「亂花錢」的行為。大家可能以為執著只會引發「緊抓住不願放手」的行為，事實上有些時候，執著也會以「徹底放棄和無視」的行為表現出來。

順帶一提，誠這種有時候吝嗇、有時候亂花錢的行為模式，其實是受到父母的影響。一個人對金錢的想法（觀念），大部分都是來自於小時候看到父母花錢的習慣。

誠的父親是一家小工廠的老闆，個性很會照顧人，只要能夠幫助人或是讓人開心，再多的錢他也會掏出來。誠的母親是工廠裡的會計，雖然對愛亂花錢的丈夫抱怨連連，卻也好幾次協助工廠度過財務危機，是個非常會理財的人。誠對父母十分尊敬，孝順的他為了不增加父母的負擔，大學學費全是靠自己努力拿獎學金來支付。

「看來你花錢的習慣應該是受到父母的影響。」

聽我這麼一說，他一臉苦笑：

「的確，感覺好像他們會輪流出現在我身上一樣。」

從這個案例可以知道，執念引發的行為會因人而異，所以即便覺得「我沒有對什麼東西存有非要得手的念頭」，也不能就此斷言自己心無執念。

行為模式

2 多重執念

有時候執著的對象不會只限於「一個」。

例如以下這個案例。

案例

無法原諒外遇的丈夫

——但是害怕一旦離婚，就會失去現在的生活

裕子

感情路一直走得不順的裕子（化名），終於遇到一個讓她感到幸福的對象，並且順利步上紅毯。

兩人的新家就離公婆家不遠，公婆人都很好，對裕子很親切，丈夫也溫柔體貼，凡事都把裕子擺第一。裕子的雙親對孩子向來不甚關心，讓她從小就倍感孤獨，因此婚後的生活對她來說十分幸福。

然而，在婚後的第八年，裕子從旁得知丈夫在外面有了別的女人，考慮要跟自己離婚。

深受打擊的裕子情緒變得十分不穩定，看過各種心理諮商，大家都建議她離婚算了。

「就算勉強維持婚姻，也只會換來對你的傷害而已。」諮商師說。

裕子不願意接受這樣的結果，四處尋找能挽救她婚姻的諮商師，最後找上了我。

「說什麼我都不想離婚。」

裕子在我們第一次諮商時，不斷重申自己的心意。

這樣的她，執念的對象其實並非只有丈夫。

據說當初她曾向公婆訴苦，公婆也為兒子的行為不斷向她道歉，甚至還說「可以的話，我們真想跟他斷絕關係，收你當我們的女兒」、「我們沒有女兒，所以一直把你當作親生女兒看待」。

對於比親生父母還疼愛自己的公婆，裕子心中也有著強烈的執念，因為一想到離婚之後會跟公婆變得疏遠，她心裡就十分害怕。

除此之外還有現在住的房子，不但離公婆家近，又是裕子非常滿意的格局，傢俱也是才剛買不久、自己很喜歡的款式。可是一旦離婚，自己就得搬出這個房子，這一點讓她無法接受。

裕子不只對丈夫存有執念，也放不下公婆，還有現在的家。

可是，這些執念其實都來自於同一個根源。

若不找出這個根源加以排除，執念只會不停改變對象，繼續存在下去。

挖出煩惱的根源

行為模式 3

執著於討厭的事物

執念的對象不一定全都是重視或喜歡的東西。

例如以下這個案例。

案例

無法拒絕朋友的邀約

——厭倦了社交生活，漸漸對人際關係感到壓力

小彩

小彩（化名）是個上班族，就像她自己說的「大家都覺得我是個生活過得很精采的人」，不僅在公司的人際關係不錯，朋友也很多，每天都過得很充實。

可是，最近她漸漸對這種多采多姿的社交生活感到厭倦，於是來向我尋求協助。

小彩的個性基本上很隨和，只要有人邀她，除非已經有約，否則她幾乎不會拒絕。不過她說自己這麼做只是在「演『好人』」而已。

有朋友因為喜歡她這樣的個性，所以遇到煩惱就來找她傾訴，一說就是好幾個小時，讓不懂拒絕的她只能無奈地聽對方大吐苦水。

「老實說，我真的受夠了。」她說。

「如果不想去，直接拒絕不就行了？」我問她。

她一臉為難的說：「可是大家都是老朋友了……」

萬一拒絕對方，下次會不會就不找我了？

她說出自己心中的擔憂。

雖然覺得愛抱怨的朋友「很煩」，可是卻拒絕不了對方，繼續聽對方的抱怨。

這種情況就是「執著於不自由的狀態」，會給內心帶來煩躁。

像這種對討厭的人或事物抱有執念的例子，比起執著於喜歡的事物要來得更常見。

行為模式

4 隱形執念

有時候執著的對象是看不見的，會迫使自己做一些和該對象乍看毫無關聯的行為。

例如以下這個案例。

案例

想結束外遇卻辦不到！

——要怎麼忘記對方？

麻衣

麻衣（化名）是公司主管的外遇對象，她說：「這段藕斷絲連的關係根本看不到未來，每次見面都是同樣的地方，要不就是上床，做的事情都一樣。」

她對這段感情感到無力、疲憊，於是來找我諮商。

她以前也曾和已婚同事外遇，當時對方承諾要跟她結婚，可是相處愈久，她明白對方終究不可能為了她離婚，於是她斷然提出分手。沒想到後來自己又愛上已婚主管，外遇關係一談就是五年多。

麻衣對結婚也存有憧憬，所以有時候冷靜下來客觀想想，她也不懂自己「現在到底在做什麼」，為什麼老是會走上外遇這條沒有結果的路？

後來在聽麻衣聊完她的原生家庭之後，我確定了一件事。

其實，這是因為她心裡對某個人抱有強烈的執念。

麻衣的父母從不催促她趕快結婚，頂多偶爾會告訴她「如果遇到好的對象要好好把握」。她和已婚對象交往的事情，父親並不知情，可是母親知道。

而且還是麻衣自己坦承有外遇戀情。

原來是這樣。我心想。

「你是不是覺得不能拋下媽媽自己結婚？」

「嗯，我也隱約發覺自己有這種想法。她身體不好，現在年紀又大了……」

麻衣的母親體弱多病，過去就經常臥病在床。在我問起小時候的回憶時，她腦海裡第一個浮現的景象是，小時候一放學就會馬上回家跑到媽媽床邊，嘰哩呱啦地跟媽媽聊著當天學校發生的事情。

「我父親是個醫生，平時總是很忙，假日又只顧著自己的興趣，整天不在家。如果我結婚搬出家裡，只剩下媽媽自己一個人，她一定會很孤單。我根本無法想像到時候會變成什麼樣子。」

看到這裡，大家發現了嗎？

麻衣執著的對象，其實是她的「母親」。

她之前有一陣子自己住在外面，後來才搬回家裡，現在一有空就會跟媽媽一起去逛街，或是來趟泡湯之旅，在鄰居眼中是感情非常好的一對母女。

母女感情好固然不錯，可是太好反而會衍生出其他問題。麻衣深愛媽媽的

對母親存有執念
凡事自然會以母親為重，更勝戀人

心情漸漸轉變成心中的執念，最後把她推向不倫戀的結果。

因為不倫戀不會有結果，自己就能像現在這樣跟媽媽一直在一起。

證據就是過去她也曾透過聯誼認識不少異性，偶爾會遇到覺得「不錯」的對象，可是這些人要不就是工作上經常需要外派到其他地方，要不就是將來會回外地老家定居……

「如果跟這個人結婚，我就必須拋下媽媽，我想還是算了。」

也許一直以來在麻衣的心中，早就已經有了這樣的答案。

麻衣也曾經跟母親提過聯誼認識的對象。

「商社不錯啊，將來還可以到國外。」

這番鼓勵的話聽在麻衣耳裡，卻顯得有些落寞。換句話說，母親同樣也對麻衣心有依賴，兩人的關係呈現對彼此都存有執念的「依賴」狀態。

健康的麻衣負責照顧體弱多病的媽媽，至於因為忙碌的工作而無心處理的家事，就由擅長打理的媽媽來代勞。這種正好互補缺點的關係，特別容易讓人產生依賴。

麻衣在心理層面已經等同於跟媽媽結婚了，因此和已婚之夫之間的外遇，可以說是一段雙重不倫的關係。

執念有時候也會穿越時間和空間，「死灰復燃」地支配著你現在的行動。

例如以下這個案例。

案例

「你給我認真一點」

——忍不住對個性散漫的女兒動怒

美咲

美咲（化名）有8歲和5歲的兩個女兒，生完孩子後她還是繼續回到單身時期的公司上班。身為職業婦女的她，雖然每天忙得焦頭爛額，但是生活還算充實。只是同樣都有工作，丈夫對家裡和小孩的事情卻不太幫忙，導致夫妻關係有些生變，讓美咲備感壓力。

也許是因為這個緣故，美咲變得經常對女兒發脾氣。

尤其是個性散漫又我行我素的大女兒，經常惹得美咲不耐煩。

「放學回到家都不寫功課，或是寫沒幾個字就分心。吃飯又慢，每天早上都要擔心會不會遲到。還有還有，東西用完也不會收。」

到最後，美咲對女兒的這些行為再也忍不住，不禁多唸了幾句。

有一天，美咲發現大女兒的眼神不太對勁，每次想做什麼的時候，她都會先偷瞄媽媽的臉色。

就像是在確認「我這麼做，媽媽會不會生氣？」。

「不會吧，難道孩子們得看我臉色做事嗎……」

這可不行。

驚覺事態嚴重的美咲為了克制自己不耐煩的個性，決定尋求心理治療。

雖然每個小孩有成長速度上的差別，不過一般來說，小孩從小學中年級開始就會漸漸培養出深度思考的能力，自我和個性也會愈來愈複雜，不再像幼兒時期的單純。對做母親的而言，看著過去一直以為是「另一個自己」的孩子，漸漸變成「陌生人」，心裡當然會產生矛盾和掙扎。這些心情若能調適得好就沒問題，萬一調適不來，可能就會變成無法放手（對孩子產生執念）、慣壞小孩的「怪獸家長」。

美咲的大女兒8歲，正值轉變的年紀。美咲能在此時察覺到自己的變化，願意主動尋求心理諮商的協助，可見她是個比自己想像更了不起的母親。

只不過，除了小孩以外，美咲的執著對象其實還有一個人。

那就是她自己的「母親」。

之所以受不了大女兒懶散的個性，是因為美咲自己是個凡事會盡力「做好」的人。這樣的個性，來自於她有個注重小孩教育、十分嚴厲的母親。由於自小就在母親的嚴格管教中長大，如今面對跟自己個性迥異的女兒，所以心理才會產生矛盾。

美咲的母親和婆婆，也就是美咲的奶奶，兩人的關係並不好。加上她一個人從鄉下地方嫁到東京來，身邊沒有半個能訴苦的對象，心裡更是備感孤單。

我只有自己一個人，一定要努力做好，絕不能讓婆婆有挑剔的地方。

這股執著促使她成為「注重教育的嚴格媽媽」，而對象正是身為女兒的美咲。

如今美咲的行為，完全就是當年母親的翻版。

針對以上5個案例，大家必須要先瞭解的是，這些都不是什麼少見的例子，在你我身上多少都能見到這些執念的影子。

要點總結

先瞭解自己是不是一個容易產生執念的人，執著對象又是什麼。

［基礎篇］
放手練習

第2章

執念
反映出來的
「情緒」

只是放下「人」和「東西」，執念依然會存在

放下「情緒」，執念也會跟著消失

上一章提到，所有人事物都可能成為執念的對象。既然如此，只要放下這些，執念就會消失嗎？答案是「不會」。

這是因為，有執念的人緊抓住不放手的，並不是人或東西，而是隱藏在執念背後的「情緒」。

執著不願放手的不是「人或東西」，而是「情緒」。這句話是什麼意思呢？就讓我們從前面提過的案例來說明吧。

就拿忘不了前男友的小愛來說，各位應該還記得她在提到前男友時說過這麼一句話：

「現在想想，我不覺得那是一段『幸福的愛情』。」

可見她雖然愛著前男友，卻始終對他不誠實的態度感到不信任。

另一個例子是執著於金錢的誠，因為擔心「萬一沒錢就活不下去」而想盡辦法不花錢，有時候又忍不住想確認「只要有錢，沒有什麼辦不到」，所以隨意亂花錢。

從這兩個例子可以知道，執念產生的背後，一定都存在著某種「強烈的情緒」，而且大多都是負面的情緒。

當然，不管是誰，跟情人分手都會難過沮喪，也會因為知道金錢的可貴而害怕失去財富。可是，這些情緒如果強烈到內心調適不過來時，人就會反過來被這些情緒困住，也就是產生執念。

對人或是對東西的執著，就是這些情緒的表現。

換言之，我們可以從一個人執著的人或東西身上，看見他試圖想調適卻力不從心的內心掙扎。

斷捨離後沒多久，家裡又變回以前凌亂不堪的樣子！

執念真正的起因是背後的情緒，因此，就算放下執著的人或東西，如果無法同時放下心中的情緒，執念永遠不會消失。

「凌亂、骯髒的屋子」就是最好的例子。以下案例的主角是個家裡堆滿雜物的女生。

小萌（化名）是個購物狂，看到喜歡的東西就非買不可，再加上就像她自己說的「我是個不會收東西的女人」，她的家裡到處堆滿東西，到最後甚至沒辦法整理打掃，變得跟垃圾堆一樣。

後來，坊間掀起一股所謂的「斷捨離」風潮，拒絕、捨棄、遠離不需要的東西或事情，讓自己的人生變得更有餘裕。

小萌也決定追隨這股潮流，對生活進行斷捨離。

「想必當時你內心一定很掙扎吧？」我說。

她用力點頭：

「不過我還是很嚮往簡潔、清爽的生活，所以很努力克服心裡的掙扎，一口氣把以前買的東西全丟了，還把家裡打掃、整理了一番。」

她的努力有了代價，家裡變得乾淨整潔，開始過起舒適的生活……

回過頭來想想，小萌為什麼會有這麼強烈的購物欲呢？

事實上這是因為，被東西圍繞的感覺，會讓她感到安心。也就是說，她執著的是擁有東西帶來的「安全感」。

雖然把屋子裡的東西全丟了，可是她沒辦法將「有東西才會安心」的情緒斬斷、丟棄或遠離。

所以，各位應該不難想像幾個月後她的家裡會是什麼樣子了吧。

沒錯，最後她家裡又變得跟以前一樣堆滿雜物，而且甚至比以前更凌亂了。

看似對人或東西抱有執念，其實是放不下隱藏在背後的情緒。

因此，只要還抱著情緒不放，就算想盡辦法遠離表面上的人或東西，情況也不會改變，甚至很多時候會跟小萌一樣變得更糟糕。必須要先處理情緒，如此一來，對人或東西的執念自然也會跟著慢慢消失（當然，也有人能夠藉著放下人或東西，同時也一併放下情緒）。

一旦察覺自己有某方面的

「情緒」若不先處理，情況不會有改善

執著，這時候最重要是，一定要先找出隱藏在執著背後的情緒。

至於哪些情緒會引發執念呢？

以下的自我檢測清單列出了一部分常見的負面思考模式，各位可以想想自己是否也有這些念頭。

- □ 我覺得沒有人愛我。
- □ 我長得不夠好看，得比別人更努力才能找到幸福。
- □ 沒有人會喜歡我這種人。
- □ 就算一開始很順利，不過久了之後，對方的愛都會漸漸離我而去。
- □ 比我好的人多的是。
- □ 跟我在一起的人都不會幸福。
- □ 我會造成對方的困擾。
- □ 跟我交往的人都會劈腿。
- □ 反正我一定會被拋棄，只剩自己孤單一個人。

□ 我沒有資格被愛，乾脆永遠一個人算了。

□ 我沒有存在的價值。

任何沒有妥善處理的情緒，都可能變成執念的起因。在接下來的內容中，我會帶大家透過諮商案例來剖析各種引發執念的情緒。

要點總結

只有放下執著的人或東西無法解決問題，重要的是處理執念背後隱藏的情緒。

負面情緒會引發各種執念

模式 1

執著於身邊的東西——恐懼和不安

很多人都跟家裡雜亂不堪的小萌一樣，對身邊的人事物存有執念。在這類型的人身上幾乎都能看見一種情緒，就是「恐懼和不安」。

・因為擔心將來而變成守財奴的人。
・害怕跟情人分手，所以緊抓著對方不放的人。
・擔心失業，所以死守著現在的工作的人。

・害怕被孤立，所以總是看人臉色的人。
・或者是為了逃避以上這些不安的心情，因此迷失在購物或酒精中的人。

恐懼和不安是我們最不喜歡的情緒之一，所以就算引發執念，也會想盡辦法消除這種感覺。

當然，生活中難免會感到恐懼和不安，只是有些人「尋求安心」的欲望比一般人來得強烈，所以才會執著於能讓自己感到安心的東西，也就是能逃避恐懼和不安的東西。

前述中所列出來的「存款」、「情人」、「工作」、「人際關係」，既是擔心害怕的對象，同時也是「帶給自己安心」的東西，可見不安和安心其實是一體兩面。

大家可以再回想一下前面內容中提到的無法下定決心離婚的裕子。

對於從小感受不到父母的愛，就連戀愛路也走得坎坷的裕子來說，和因為相愛而結婚的丈夫一起住在公婆家附近環境舒適的房子，這種生活帶給她前所未有的安全感，是她的「歸屬」。

可是，這股安全感的背後同時也隱藏著強烈的恐懼，害怕「萬一失去這一切，我又會變回一個『沒有人愛』的人」。

因此，當面臨到丈夫外遇和離婚的危機時，恐懼的情緒才會瞬間引發她的執念。

模式 2

執著於憤怒——被否定的痛苦

同樣是因為丈夫外遇所引發的執念，可是背後反映出來的情緒，也有以下這種有別於裕子的案例。

小惠（化名）第一次來接受諮商的時候，一開口就說：

「我沒辦法原諒外遇的丈夫。」

說到對外遇丈夫的怨恨，還有發現自己被背叛時的震驚，她激動得情緒完全潰堤。

一問之下才知道，她在兩年前發現丈夫有外遇，雖然後來丈夫向她認錯道歉，當下也立刻結束外遇關係，可是這兩年來小惠心中的怒氣始終未能消解，一直活在痛恨的情緒中。

遭受背叛、傷心、被攻擊或受到傷害之後，人都會感到憤怒、痛恨和怨恨。這些情緒通常十分強烈，很容易就這樣一直停留在心裡揮之不去。

小惠心裡當然已經接受丈夫的道歉。

「他都反省過了，現在也比以前更貼心，還是算了，原諒他吧。」

可是儘管如此，她還是忘不了兩年前發生的事，有時候突然想起來，心裡還是有氣。

「如果繼續怪他，說不定會逼得他又搞外遇。這些我都明白，可是我就是沒辦法不怨他。」

她厭倦了這種抱著憤怒的日子，於是決定尋求心理諮商的協助。

放不下怒氣的小惠，心裡除了怨恨以外，其實還有另一種情緒——身為女人的自己被全盤否定的痛楚。

「我為他付出一切，卻感覺像被他當傻子一樣看待。」

她好幾次這麼說。

當自己的存在被否定的時候，心裡會產生各種複雜的情緒，包括被羞辱、不信任、絕望等。這些情緒的力道之兇猛，通常會讓人難以應對和調適。

小惠心中的怨恨之所以遲遲無法消解，就是因為背後隱藏著自己的存在被否定的痛楚。

在憤怒、憎恨、怨恨的情緒背後，一定都有著一顆受傷的心。

心理學上認為憤怒是「為了掩飾真正的情緒」。就像小惠一樣，因為至今心裡的傷仍然還未癒合，所以為了隱藏傷痛、假裝不在乎，才會始終放不下對丈夫的怨恨。

模式 3

執著於現狀——害怕改變

夫妻關係的諮商經常會聽到這樣的說法：

經常會聽到這樣的說法：

「我先生決定要離婚，可是我不願意。」

乍聽之下會以為是因為還愛著先生，所以才不想結束婚姻關係。可是很多時候仔細一問才知道，事實並非如此。

「看來你是真的愛著你先生。」

當我這麼說時，對方通常會告訴我「不是這樣的」。

顯然夫妻之間的愛已經走到盡頭，就算保住了婚姻，也看不出有任何一絲想修復夫妻關係的意願。

類似的說法，也會出現在轉換工作跑道的諮商案例。

「我想換工作，可是一直沒辦法下定決心。」

當我問對方「是因為捨不得放棄現在的工作嗎？」，得到的同樣是否定的答案。

想換工作是因為「覺得現在的工作繼續做下去也沒有意義」，但是之所以無法下定決心離開，通常是因為捨不得放棄目前小有名氣的公司，或者是跟同事感情好，不想離開舒適的工作環境等。也就是說，對工作本身其實已經沒有留戀。

另外像是「雖然已經不愛他了，可是我不想分手，因為我不想一個人」、「雖然跟才藝老師處不來，很想放棄，可是一想到努力好久才拿到的證照，就覺得可惜」等，這些也都是常見的例子。

在這些例子當中，不想離婚的太太所執著的其實並不是先生，而是「已婚」的身分；無法下定決心換工作的人，也是因為放不下「公司」，而不是工作本身。

這些都是因為他們很害怕自己的人生出現重大轉變。

無論升學、結婚、就業、換工作等，任何一個改變人生的重大事件，都需要耗費非常多的精力來適應。雖然每個人都經歷過這些轉變，可是對某些人來說，這些變化會令他們感到身心俱疲。

不論現在有多痛苦，或是轉變後會多麼幸福和輕鬆，他們就是害怕面對變化，因此才會執著於維持現狀。

「你不想失去的其實是婚姻，不是你的先生。」

有些客戶不解為何我會這麼說，但是在聽完上述的分析之後，最後也都同意了我的說法。

「原來是這樣……也許真的是吧。」

事實上，這個「原來是這樣，確實沒錯」的領悟，是放下執念非常重要的一步，因為只有瞭解自己真正的執念對象、真正的感受，才有辦法做好準備放下執念。

模式 4

執著於過去——紀念碑（過去的榮耀）與假設的想法

某個藝人過去是職業拳擊冠軍，他在某一次採訪中說了以下這段話：

「拿到冠軍的那一刻，我告訴自己：『如果繼續停留在這裡，這輩子會就這樣安溺在拳擊當中』，所以我決定挑戰一個跟拳擊完全不同的世界。」

後來，他從拳擊引退，開始朝演藝圈發展。從心理學的角度來看，他的這個決定需要十分堅韌的心才辦得到。

因為要放棄過去的成功，對任何人來說都不是件容易的事。

心理學上將過去的成功所帶來的榮耀稱為「monument」（紀念碑之意），成就愈是輝煌，紀念碑會愈壯觀，接下來的人生也會被禁錮在其中。

也許你會說：「我沒有什麼值得誇耀的成就，應該沒有這方面的困擾。」

不過，接下來的例子也許會讓你心有同感。

「二十幾歲時就算熬夜一整晚也沒事，可是年過三十歲，現在已經沒辦法熬夜了。」

（正在準備證照考試的上班族）

「年輕的時候什麼都不用做，男生就會主動靠過來，導致現在自己反而不知道如何主動接近男生。」

（正積極尋找結婚對象的女性）

「景氣好的時候，商品一推出自然就會有訂單，現在卻連業績目標都達不到。」

（業務員）

人的想法如果一直停留在過去的紀念碑，就沒有辦法客觀審視自己現在面臨的狀況。例如，以為「最後一天再熬夜準備也來得及」，結果該念的書沒念完就得直接去考試。

紀念碑大多建立在過去的成功經驗之上，不過有些時候人也會執著於過去的失敗體驗，例如原本應該辦得到，卻因為某些原因導致「沒有得手的東西」。

「如果當初勇敢告白，說不定現在就在一起了……」

「如果再用功一點，說不定就能考上志願學校……」

同樣的，人也經常會對以前「失去的東西」產生執念。

「如果當初對她好一點，就不會被甩了……」

這種伴隨著後悔的遺憾心情大家都有經驗，好比以下這種感覺：

「早知道就別把那件衣服給丟了，今年又開始流行那種款式……」

一直抱著這種「如果當初○○，現在就╳╳」等假設的想法，遺憾的心情就會漸漸轉變成執念。

所謂假設就是，不論是針對過去或未來，都是與現今不符的狀況。「如果當初○○，現在就╳╳」中「○○」和「╳╳」部分，可以代入任何一種人事物。

「○○」和「╳╳」的部分可以有無限的想像，隨著心中的懊悔愈深，內容會愈真實，引發更深的懊悔。換言之，你只是在運用自己的造句能力，不斷做出假設來折磨自己而已。

如果能夠更客觀地想想，對過去應該就會有不同的想法。

「就算當初有告白，也不一定會在一起。而且別的不說，我想那時候自己應該沒有勇氣告白。」

「雖然說只要再用功一點就好，可是現在想想，當時自己已經盡力了。」

「雖然說當初只要再對她好一點就好，可是那時候自己的想法太幼稚，根本不會為對方著想。」

可惜的是，執念會讓這些想法完全沒有出現的可能，所以才會有這麼多人因為心中的假設而一直陷在懊悔中不停苛責自己。

模式 5 執著於嫉妒——沒有自信與自我厭惡

「請問要怎麼改掉愛嫉妒的個性？」

小遙（化名）在諮商過程中這麼問我。

「你是嫉妒男朋友的人際關係太好嗎？」

「這當然也有，還有對同事和朋友也是，很多人都會讓我心生嫉妒。」

小遙和男友任職於同一家公司，只要對方跟其他女同事走得比較近，她就會酸溜溜地質問對方「她比我好，對吧」。

聽到朋友要結婚，她會自我哀憐「像我這種人，不知道何時才結得了婚」。

如果同事得到上司的誇獎，也會讓她產生自我貶低的想法：「人家的能力可是比我好多了」。

就連有時候在咖啡廳聽到隔壁桌女生們的談笑，她也會心生嫉妒，覺得自己是個無趣的人。

「這樣啊，聽起來你就像是個穿著衣服的『嫉妒之靈』呢。」

聽到我的玩笑話，她也得意地跟著附和：

「可不是嗎，我可是無時無刻都在嫉妒別人呢。」

說到嫉妒的執念，背後可以說一定存在的兩種想法就是：「沒有自信」、「對這樣的自己極度厭惡」。

以小遙的例子來說，她不覺得自己是個值得被愛的女人，更不敢在男友面前表現出想結婚的念頭，在工作上沒有自信，也不覺得自己的生活有多麼精采有趣。這一切都讓她討厭自己。

她對所有事情都覺得「反正我這種人就是……」。當一個人極度自我厭惡、自我否定的時候，都會不由自主說出這種話。

嫉妒就跟憤怒一樣，會讓人筋疲力盡。之所以耗費這麼多精力去嫉妒他人，是因為小遙深愛著男友，因為夢想能擁有幸福的婚姻，因為自己一直很認真面對工作，因為希望能開心和大家相處，成為一個更好的人。

事實上，她一直都是如此積極正面地面對一切。

這就是她的優點。換句話說，在嫉妒心的背後，看不見的是一個人的優點、價值和魅力。

模式6 執著於「我是個沒用的人」的念頭——無價值感

小遙的沒自信，是以跟他人比較之下的嫉妒形式來表現，不過這世上也有人打從根本就對自己沒有自信，無關他人。

佳奈（化名）就是其中一個例子，她的個性老實，會替人著想，學歷又高，任職於知名上市公司，不論從各方面來看都十分優秀，可是她卻總是沒有自信。

每當有人稱讚她在一流企業上班，她會說「只是碰巧運氣好取得內定資格，並不是我能力好」。

若是主管肯定她的工作表現，她會說「我只會給同事添麻煩，根本完全幫不上忙」。

她總是像這樣脫口而出就是自我否定。

從客觀上來看，她大可對自己充滿信心，但是她打從心底就是看不到自己的價值，自卑感在心中揮之不去。

這種覺得「自己沒有價值」的想法，稱為「無價值感」。強烈的無價值感讓佳奈不論走到哪裡，面對他人都會感到自卑。

一直抱著無價值感是很痛苦的一件事，之所以擺脫不了，就是因為心裡執著於「我是個沒用的人」。

為什麼會執著於「我是個沒用的人」呢？

佳奈從小在父母的嚴格管教下長大，為了達成父母期待而不斷努力的她，最後果真考上一流大學。

這麼一來應該能得到父母的肯定了吧？

可是並沒有，她的父母反而對她要求更高，期許她將來能進入與學歷相襯的一流企業工作。個性認真的她一如期待地繼續努力念書，畢業後進入符合父母期望的公司工作。

現在總該能得到父母的肯定了吧？

不，接下來父母又要求她「成為能幫助公司的人才」、「努力晉升為管理階級」。

說起來，佳奈會這麼努力，全是為了達到父母的期待，讓他們開心。可是，不論她再怎麼努力，父母非但沒有感到開心，甚至連一句肯定也不願意給她。

她從小就是在這種努力被忽視，成果被否定，不斷被鞭策「這樣還不夠」、「要更努力才行」的環境下長大。這一切讓她養成習慣，永遠只看見自己做不好、不夠努力、比別人差的部分。

也許可以說這就是父母眼中的她。漸漸地，她變得只會自我否定。

在得到父母的肯定之前，她無法認同自己。這就是佳奈的執著。

對於自己的優點，她一概否認，一心認為「自己是個沒用的人」，一直到哪一天得到父母的肯定為止。

由於她心中渴望的是父母的認同，所以即便其他人再怎麼稱讚她，也無法改變她的想法。

像這樣無價值感過於強烈的時候，就算身邊出現認同你、愛你的人，你也不會接受對方。

因為你堅信「不可能會有人認同我、愛我」，所以就算有人跟你告白，你也不會相信對方的真心。

因為我還不夠好，所以爸媽才沒有認同我。

在爸媽認同我之前，沒有用的我只能自己一個人。

因為這些想法，佳奈一直無法從「沒有用的自己」的執著中跳脫。

模式 7

執著於渣男——思維習慣

老是跟個性不好的異性交往，很多時候也是因為心有執念的緣故。

小葵（化名）在戀愛中總是一直在忍耐。

她的某一任男友是個愛情騙子，同時跟好幾個女生交往。還有一任的男友個性冷淡，只有心情好的時候才會見面。還有一任的男友只對她的肉體感興趣，別說是出遊或吃飯了，見面的時候甚至連聊天都說不上幾句話。

「這種男人就趕快分手吧，為什麼繼續交往呢？」朋友三番兩次勸她，不過這些她自己也都明白。

「我要找一個會珍惜我、愛我的人交往。」

每當結束一段戀情，她都告訴自己「下一次我不想再忍受對方了」。

可是她愈是這麼想，好男人就愈是不出現，到最後她又跟劈腿男或是只要性不要愛的男人在一起，也就是所謂的渣男。

每個人對事物的感受方式、接受方式、思考方式都不一樣，這可以說是一種「思維習慣」。

小葵在面對男人時常會感到「膽怯、畏縮」，這種思維習慣通常會以「放棄自己的想法，忍受對方的一切」來表現。在一對一的戀愛關係中，一旦變成這樣，很容易就會被當成呼之即來、揮之即去的備胎，被有心機的男人利用。

可是，如果交往的對象是個人品好的男人，小葵就不會受到思維習慣的影響了。之所以老是被渣男吸引還有一個原因是，過去她曾經歷過一段痛苦的戀情，愈是想忘記那段傷痛，心裡反而愈放不下。

不管現在跟什麼人在一起，人都會不由自主受到過去人際關係的影響。如果過去的回憶充滿痛苦，面對現在身邊的人就無法付出真心。

對小葵來說，她放不下過去那些和渣男之間的戀情，以至於對所有男人都信不過。就算遇到好男人，她也會習慣保持距離，再加上其他女人的積極，這些好男人當然就被搶走了。

最後，她身邊剩下的全是其他女人敬而遠之的渣男。至於她後來克服思維習慣後的變化，就留待後面內容再做說明吧。

要點總結

在憤怒、恐懼、嫉妒等負面情緒的背後，就藏著通往幸福的秘密。

執著是一種「關係」的問題

當「愛」轉變成「欲求」

執著是內心困在某個人或東西、狀況當中而不願放手。換個角度來看，也可以說是受到上述情緒的影響，導致無法維持原本的關係。

為什麼會這樣呢？

人都喜歡和自己所愛的人在一起的感覺，包括情人、家人、朋友等。

這是每個人最渴望的事，因為和喜歡的人真心在一起會帶來無與倫比的幸福感。

這份愛很簡單，只要對方存在，就會令你感到幸福。

可是，當有了欲求之後，愛就會轉變成執念。

「我希望他也能像我愛他一樣愛我。」

這種念頭一旦佔據整顆心，只要沒有得到滿足，欲求便會愈加強烈，開始對對方產生執念。

既然是為了感受幸福而愛，又為什麼要一直抓著只有痛苦的執著不放呢？

其實這是因為人都有一種心理模式，「當愛無法維持關係的時候，就會藉由執著來試圖挽救關係。」

原本是想透過「只要在一起就很幸福」這種簡單的愛來感受和對方的關係，但是因為欲求的介入，使人感受不到關係帶來的幸福。

當兩人的關係已經無法靠愛情連結的時候，執念便油然而生，透過執念帶來的痛苦欺騙自己「我跟對方的關係還沒有結束」（這是下意識的行為，並非刻意）。

只要自己還感受到痛苦，對方就不會從心裡消失。因為相信這就是兩人之間唯一的連結，所以說什麼也堅持不放下痛苦。

就這麼痛苦地讓對方完全佔據自己所有的心思。

不再相信愛

既然如此，是不是只要對方接受你的愛，並且也用愛來回應你，就不會再覺得痛苦了呢？

很遺憾的是，就如同我剛才說的，人在心有執念的時候是沒辦法感受到愛的。

執念是各種情緒交錯糾結之下所引發的產物，不過真要說起來，執念其實也是為了對抗這些情緒而產生的一種「心理防衛反應」。因此，想要解開執念，比起用愛化解，應該先排除造成執念產生的情緒原因。

雖然知道「這麼說會被討厭」，可是因為想感受跟對方的關係，說得更白一點就是為了緊緊抓住對方，最後還是忍不住說了不該說的話。

你當然也知道這不是你真正的意思，所以說完之後馬上就後悔，反而讓自己更痛苦。

束縛反而
會讓對方更想逃離

這種情況不只發生在愛情裡，親子關係、朋友關係，就連同事之間也會發生。一心只想著「對方現在雖然對我很好，可是總有一天一定會討厭我」，以至於完全感受不到對方的愛。

感受不到對方的愛其實是很可惜的一件事。你的反應當然也會讓對方失望，於是，最後就如同你心裡所恐懼的——你們的關係一步步走上結束。

要點總結

「愛他就要緊緊抓住他」，這是不對的想法。別再讓這種自私的「欲求」毀了你們的關係。

［基礎篇］
放手練習

第3章

戒掉會傷害自己的「思維習慣」

過去的經驗造就「現在的自己」

瞭解自己的思維模式

看完上一章的內容，大家現在應該已經知道，執念背後隱藏的情緒其實十分複雜。

接下來，在「瞭解執念」的放手練習基礎篇的最後，有幾個重點我想提出來再跟大家強調一遍。

前面內容中介紹了各種案例，不過有一點不知道大家有沒有發現，在這些案例當中，即便執著的對象是同一個人或東西，可是背後隱藏的「情緒」卻因人而異。

舉例來說，同樣是執著於「不想跟先生離婚」，有些人是因為害怕失去所愛的東西、害怕孤單，但也有人是因為不喜歡改變，才會執著於現狀，「事實上根本不在乎先生」。

因此，「離開對方」的作法，對問題的解決其實無濟於事。

這時候應該做的，除了跳脫對人或東西的執著以外，對於執著背後隱藏的情緒，也要一併擺脫才行。

我將這個步驟稱為「放手」。

不過，為什麼執念背後的情緒也會因人而異呢？

這是因為，人的內心其實是根據每個人過去的經驗，以及當下的情緒共同打造出來的，包括來找我諮商的人也是，仔細聽他們描述會發現，很多人都受到過去事件的影響，不管他們是不是還記得這些發生過的事。

以前在電視等媒體上曾經流行過性格測驗，例如在一個房子的圖案上「畫出窗戶」，根據你畫的窗戶位置和大小來分析「你的個性是～」。先不說這些內容的可信度，這裡大家要注意的重點是，面對同樣的課題，每個人的反應各不相同。正因為經歷過不同的過去，所以就算面對相同的事物，感受會不一樣，採取的行動也不同。

這就是所謂的思維模式。思維模式有時候會變成一種習慣，影響人的行動。而且因為已經是一種固定的「習慣」，所以很多時候都並非出於自願。

「跟父母的關係」的重要性

透過上述的內容可以知道，在心理療傷的過程中，你所經歷的過去會成為非常重要的情報來源。

其中影響最深的關鍵，莫過於就是和父母的關係了。在前面介紹的案例當中，相信大家也有發現當事人會不斷提到「父母」和「小時候」這些字眼。

我們的人際關係，都是建立在小時候跟父母之間的關係的基礎上。因為每個人剛出生時都是一張白紙，最先跟我們建立關係的父母，自然會成為我們日後人際關係的基礎。

很多時候現在所面臨的問題，都是受到跟父母的關係的影響。

例如「跟公司主管處不好」，遇到這類型的諮商，我通常會問當事人和父母的關係如何，或是小時候的狀況。有人會覺得奇怪，「我跟主管的關係，和我爸媽有什麼關係？」可是在某些案例中，跟父親的關係生疏，連帶會影響到跟公司主管處不來。

「不太會談戀愛」可能是因為跟異性父母之間的心理距離過於疏遠；「跟另一半經常吵架」的人，父母的關係可能也不是很好；「不管到哪裡，感覺都只有自己無法融入大家」，可能是因為小時候和家人的感情不好。

當然這都只是其中的例子，並非所有問題和煩惱都跟父母的關係有關。只不過，在心理諮商的過程中，通常都會先就當事人跟父母和兄弟姊妹等小時候和家人之間的關係來進行瞭解。

過。

由此可見跟父母的關係影響甚大，可以說直接影響了我們的人生也不為過。

要點總結

不同的過去經驗，造就出每個人不一樣的內心世界。放下執念的第一步，就是先瞭解自己的「思維習慣」。

你究竟想怎麼做？為什麼想這麼做？

想要的是「接受」，而不是「正確答案」

受執念所苦而來找我諮商的人，很多人在聽完我的說明和分析後的反應都是：

「你說得沒錯。」

「這我知道，可是……」

也就是說，很多人其實都明白自己的執念從何而來，也知道該怎麼解決。

所以換個角度來說，有時候就算知道該怎麼做，可是除非心裡願意接受，否則不會輕易放下執念。

這一點在前述的案例中也能看到，當事人說到「家人都勸我放棄」、「朋友建議我別這麼做」，意思其實就是他（她）內心並不想接受這些建議。

很多來找我尋求協助的人，在這之前都已經找過好幾位不同的心理諮商師。之所以這樣四處接受諮商，不是之前的心理諮商師提供的建議不好，而是因為自己心裡沒辦法接受那些建議，才會希望找個人給自己想聽的答案。

然而，很遺憾的是，只要當事人不願意面對處理執念背後的情緒，執念就不可能化解。我們心理諮商師能做的，只有理解你的心情，陪著你一起想辦法前進，如此而已。

接受事實

當然，如果光是理解心情，就只是在繞著執念對象空打轉而已，所以我們會想辦法引導當事人接受自己的狀況。

「你現在的狀況並沒有什麼不好，可是也不能說它沒有問題。所以，你不妨就告訴自己『事實就是這樣』，試著去接受它。」

眼前的一切都是必然的結果，所有發生在自己身上的事情都沒有錯。

先接受這樣的事實，接著再去思考為什麼這種事會發生在自己的身上。

經過這樣的思考之後，才算準備好面對自己真正的情緒。

這時候我會問對方：

「那麼，你想怎麼做呢？」

正確答案只有你自己知道。只不過，這一次不是由別人告訴你，而是你自己找出答案，所以現在的你，已經有辦法採取行動跨出第一步了。

要點總結

接受事實，
找出自己能接受的那個「答案」。

放手不代表就是跟對方「說再見」

解開枷鎖，還給雙方自由

接下來的內容非常重要。

放下執念究竟是指什麼意思呢？就讓我透過比喻來跟大家說明吧。

前面的內容提到，每個人執著的人或事物不一樣，所反映出來的情緒也因人而異。但是唯獨有一點是共通的。

那就是，不論喜歡或討厭執念對象的人或事物，都絕不輕易放手。換言之，不管是哪一種執念，共通點都是執著於「關係」。

在前面內容中曾提到，當欲求過於強烈，勝過單純的愛時，人就會失去選擇，變得不自由。

也就是說，你的痛苦其實是來自於心裡的欲求對你造成的傷害。

要放下的，就是這個自私的欲求，也就是把自己逼到絕境的思維模式。這些就像是拴住你和執著對象的「枷鎖」，會讓你們雙方失去自由，想法變得狹隘。

所以必須解開這個枷鎖。

還給自己和對方自由。

這就是我提出的「放手」的方法。

放下欲求後會變成怎樣呢？

一切會恢復到執念出現之前的模樣。

「只要有他在，我就覺得很幸福。」

「只要有〇〇，我就很開心。」

想法會恢復成這種單純的愛。

一旦找回這種愛的心情，不論將來跟對方的關係如何變化，都會感到幸福。因為你是靠單純的愛來建立關係，不需要再怨恨誰或緊緊抓住誰，心裡感受到的只有幸福和感謝。

這就是所謂的「無償的愛」。

若心中能充滿這般無償的愛，那麼不妨就放下執念吧。

因此，放手並不是跟對方說再見。

「放手？是要我離開他的意思嗎？」

在針對婚姻和戀愛關係中的執著進行諮商時，諮商者經常會有這樣的疑問。事實上我所提出的放手，對象指的是「情緒」，未必就是跟對方分手的意思。

之所以會說「未必」是因為，實際上有些人到最後會「選擇跟對方分手」。但是不管最後的選擇是什麼，此刻你放手的，只有自己的欲求和負面情緒。

最重要的是你自己感到幸福，至於是不是要跟對方分手，在此刻來說一點都不重要。

等到放下執念，找回自由，發現更多選擇之後，再來考慮接下來的決定也不遲。

我再重申一遍，此刻最重要的事情是，為「你自己」找回自由。

把累積在心中的「垃圾」丟掉

「放手」的說法確實會讓人有「分手」的感覺。我之所以不說「分手」，是因為這個說法通常會伴隨著「痛苦」、「難過」、「抗拒」等負面的感受。

舉例來說，情人分手、夫妻離婚或是辭掉多年的工作，很多都是因為長久以來不斷忍耐，到最後再也忍不住，心中的不滿一次爆發。或者是一點一滴的不信任感漸漸累積膨脹，到最後完全失去信任。又或者是已經不再愛對方了，所以才會選擇分手。吵架分手、單方面被甩或是甩掉對方，以至於最後在彼此心中都留下悔恨的例子也不少。

這些負面情緒在關係結束之後，仍然會一直存在，甚至為日後的人生帶來負面影響。

關係結束但影響仍然持續存在，這是什麼意思呢？

舉例來說，假設上一段戀情是因為對方太自私才分手，這時候在尋找下一個對象時，通常會多一個條件是「會確實尊重我的人」。

又例如因為公司死守著年功序列制不知變通，所以年輕的自己即便表現出色，薪水還是拿得比做事偷懶的前輩少，因此憤而離職。這種時候，面對下一份工作自然會有某些期待，例如「公司能夠根據工作成果給予正確評價」、「公司制度能夠確實肯定、鼓勵到認真做事的人」等。

也就是說，表面上雖然跟前男友或前東家的關係已經結束，可是實際上在心裡關係仍然存在。

「會尊重女友的男人」、「會根據工作成果給予正確評價的公司」，這些條件本身當然沒有問題。可是一旦這些是來自於負面情緒，條件就會被過度放大。

帶著負面情緒的分手，結束後關係仍然會繼續留在心中（無法忘懷）。這麼一來只會引發執念產生，無法解決問題。這就是為什麼勉強和執著的對象分手，問題還是存在，無法徹底解決的原因。

對此我的建議是，將這段關係轉化成不帶負面情緒的關係。負面情緒都是累積在你和對方之間的垃圾，是不必要的高牆，必須將它清除乾淨。所謂放手，其實就是內心的斷捨離。

這麼做之後，無論關係是結束或維持現狀，已經沒有負面情緒的你，再也不會受傷了。這才是最重要的。

帶著愛著對方的心情從現在開始分手，或是用感謝的心情重新建立新的關係——這就是放手。

最後可能是說再見，也可能轉變成自由、能夠互相尊重的關係。

以戀愛來說，放手之後，有些人會領悟到「就算沒有他，自己也會好好的」、「知道除了他以外，還有其他人能讓自己幸福」，於是選擇分手。相反的，也有人在放下執念之後，心中的怨恨也跟著消失，「突然對對方充滿感謝」、「慶幸自己能夠遇見對方」，變得比以前更愛對方。

只要放下執念
便能做到「無償的愛」

放手之後「煥然一新的你」

放手是讓自己從痛苦中解脫。不只這樣，另一個更積極的目的是，放手能解放自己的心靈，擁有截然不同的人生，並且活出自我。

這是什麼意思呢？

放下情緒的同時，也要放下引發那些情緒產生的思維模式，也就是思維習慣（感受方式、接受方式、思考方式等習慣）。

大家也有這種經驗嗎？「把衣櫥裡沒在穿的衣服丟掉之後，馬上就買一件喜歡的洋裝。」人際關係也是如此，跟莫名覺得討厭的人斷絕關係之後，會多了更多機會認識更好的人。相信大家都有這種經驗。

這是因為，擺脫思維習慣之後，人就不會再採取容易失敗的行動。

舉例來說，假設要放下痛苦分手的前男友。人都是活在過去的動物，放下前男友的同時，其實也是跟過去的各種執念一個一個好好地說再見。

透過這樣的過程，你會變成一個不受過去影響的人，並且從經驗累積出來的思維習慣中獲得解脫。

這些思維習慣正是導致你感情不順的原因，一旦擺脫了，你的行動當然也會變得跟以前不一樣。

要點總結

放手就是還給自己和對方自由。

先找回中心那份無償的愛吧。

把過去的討厭回憶全部塞進「膠囊」裡吧

把過去留在過去

人的內心是由過去的各種回憶交織而成，影響著我們跟其他人的關係。倘若一直抱著自私的欲求和負面情緒不放手，這些想法只會延續到下一段關係中。放下欲求和情緒，放下過去的關係，才能抹去過去的影響，全心全意投入現在的關係中。

這也可以說就是讓之前發生的事情作為回憶藏在心中，把過去好好地留在過去。

過去是過去，現在是現在。

像這樣清楚做出區分，是放手練習非常重要的一個過程，我稱之為「膠囊化」。

先在大腦裡想像一個膠囊。

接著把打算留在過去的人事物，全部塞到膠囊裡。

然後砰的一聲，把膠囊緊緊封死。

這是一個心理儀式，為的是告訴自己「這樣就行了，這些都是過去的東西了」。

舉例來說，我請總是在戀愛中忍受渣男的小葵，把「過去交往過的對象」全塞進膠囊裡。

漸漸地，她的男人運開始從渣男變成好男人。

有一次，她抱著在百貨公司買的大件商品走在路上，一位白髮紳士見狀，主動上前詢問她「要不要幫忙？」。

「他就這樣一路幫我扛到車站月台耶！沒想到在日本也會發生這種歐洲懷

舊電影般的情節！」

後來，小葵在朋友的介紹下認識了一個好男人，他個性老實，加上過去長期在國外工作，所以非常懂得尊重女性。說話幽默，總是把小葵逗得很開心。這麼好的男人之所以還沒有女朋友，除了平時工作忙碌以外，根據他自己的說法是：「我覺得日本女生才是我理想的結婚對象，可是在國外一直沒有遇到喜歡的日本女孩。」後來他終於向小葵告白，兩人順利開始交往。

擺脫過去、重獲自由之後，男人運也會跟著慢慢轉變。這一點不僅小葵自己感到神奇，就連知道她過去的男人運的朋友也覺得不可思議：

「這轉變也太突然了！根本是奇蹟！」

當然，朋友對於她的新戀情也給予真心的祝福。

將過去膠囊化，放手揮別之後，人際關係馬上出現截然不同的際遇。這樣的案例不在少數。

這種膠囊化的作法，對於執著於紀念碑（過去榮耀）的人也很有效。過去

過去是過去，
跟「現在」是完全不同的時間

的成就當然很值得驕傲，足以增加自信。可是如果一直對那段時間念念不忘，只會永遠活在過去。

為了面對現在的自己、活出自我，過去的紀念碑就讓它塵封在膠囊裡吧。

同樣的，一直掛念著以前的失敗，後悔「如果當初～就好」的人，如果能夠透過膠囊化，承認那些真實發生過的事情是過去的現實，按照「過去發生的事情必定正確」的原則，自然就有辦法客觀地理解「那時候自己其實做不到～」。這也是承認當時的失敗其實是自己能力不足等認清、接受真實自我狀況的第一步。

一旦能夠接受並原諒當初的自己，那些對得不到的東西或失去的東西的執念，也就能逐漸淡化消失了。

畢業，並且留下溫暖的回憶

膠囊化會幫助你客觀審視過去的關係和發生的事情。看著膠囊裡的回憶，雖然還是會懷念當時，對當時發生的事情又是生氣又是開心的，不過現在的你，已經不會再受到膠囊的影響了。

這就像看電影，就算會跟著劇情一下子生氣、一下子難過，可是絕對不會「一回神發現自己就是劇中人」。道理是一樣的。

將過去完整留在過去，這種心情對很多人來說，都有一種奇妙的感覺。忘不了前男友而遲遲無法邁向新戀情的小愛，在放下對前男友的執念後表示：

「我現在覺得，那些跟他之間發生的一切，都是很久以前的事了，就算再想起來，也只會有種酸酸甜甜的懷念感覺而已……」

這就像想起學生時代的往事一樣。畢業多年之後，過去那些不好的回憶自然會慢慢變淡，只剩下「酸酸甜甜的懷念感覺」。放下執念之後，也是這種感覺。

大家應該都還記得以前學校的畢業典禮吧，不論過程中發生多少開心、快樂、討厭、難過的事，時間一到還是要迎接畢業。

放手也是一樣，無論過去帶給自己多少好的、不好的各種心情，最後都要帶著感謝跟它道別。

簡單來說，就是心靈的「畢業典禮」。

就算想繼續留在學校也不行，你都必須往前方全新的世界邁進。正因為有這樣一個切割，我們才能整理心情，把過去的回憶昇華為感謝和開心的情緒。

如果要確認自己是不是已經從過去畢業，只要想想自己回想起過去時的心情就會知道。

如果已經確實放下，回想起來會覺得舒服愉快，心情十分輕鬆。擺脫怨恨

放下執念的好處說也說不完

之後的自由感，甚至會讓人輕快地像是在空中翱翔。

相反的，如果一想起來就覺得煩躁、不開心，也許你的內心還留有傷痛和執念。

不過沒關係，只要一步步練習放下，不開心的感覺會漸漸慢慢消失。

除了小葵和小愛之外，前述中的所有案例，最後每個人都透過放下執念，順利從過去畢業了。詳細內容就留待後續再跟大家分享。

放下執念後換來的是自由，是幸福感，是無償的愛，是嶄新的自己，以及回想起來酸酸甜甜，沒有痛苦的過去。

已經再也沒有人能傷害你，你也不會再傷害自己了。

那麼，你也想嘗試著練習放下嗎？

要點總結

過去是過去，現在是現在。
當過去成為酸酸甜甜的回憶，表示你已經成功放下了。

〔放手練習範例分享①〕

放下前男友之後的神奇體驗

——明日香

無法從失戀中站起來

明日香（化名）無法接受和交往的男友分手的事實，為了挽回關係，她不斷打電話，甚至埋伏在路邊等他，可是對方完全不理她。

就連原本會安慰她的朋友，也因為她對男友的執念太強烈，完全聽不進勸言，最後索性也不理她了。心理諮商師建議她「盡快找到下一段戀情」，她也真的參加了各種婚活派對，不過想當然耳，結果並沒有找到任何「比前男友更好的人」。就這樣她日漸絕望，最後來向我尋求協助。

「你何不就帶著這種愛他的心情，跟他說再見呢？你有辦法愛他愛到放手讓他離開嗎？」

於是，我建議她放下心中的執念，她也開始試著練習（詳細方法請見放手練習實踐篇）。

漸漸地，她的臉上開始有了生氣。在某一天的諮商對談中，她向我宣告：「我要在今天正式把他忘掉，不會再繼續追著他了，我要朝下一段戀情前進！」

結束當天的諮商後，在前往車站途中，明日香的手機響起，竟然是分手的前男友打來的。

「要不要現在一起去吃個飯？」對方問道。

如果是以前的明日香，肯定是馬上飛奔而去。但是那一天，她是這麼回答的：

「怎麼了？有什麼事嗎？」

這般冷靜的回應，她自己也感到意外。後來聽她的說法是：「那時候就好像心裡有另外一個自己。」

用嶄新的自己跨出第一步

前男友對她的反應似乎也有點意外。

「呃，也沒有什麼事，就只是想見個面吃個飯、聊聊天而已。」

後來，明日香跟對方約好改天再見面，之後便掛上電話。這個時候的她，其實很想返回工作室找我，跟我聊聊這一切。後來聽她說起，我說：「既然這樣，你應該直接回來找我呀，有什麼關係呢！」不過她說：

「這樣太突然了，不好意思。而且我想『自己試著面對看看』。」

從這一點也能聽得出來她的轉變。

還愛著前男友的她，一直盼著約會的到來。當天一起吃飯的時候，一開始雖然很緊張，不過整體來說讓她非常開心。

可是另一方面，她在心裡冷靜地告訴自己：「千萬不能輕易被這種感覺給騙了。」

「我不怨恨過去，對未來也不抱期待，只要不帶任何情緒地好好聽他說話就行了。所以我要誠實面對自己的心情。」

就在這個時候，對方突然提出復合的要求。

「我們要不要重新在一起？」

「當然好！」

她幾乎就快這麼脫口而出，不過她馬上恢復冷靜告訴自己：「不行，不能急著答應！要誠實面對自己的心情、心情！」於是，她把自己對於復合的想法告訴對方。

「我們當初之所以會分手，一定是有原因的。我不想現在重新開始，最後又因為同樣的原因分開。所以，我們先不要假設任何前提地約會幾次看看，如果到時候還是想復合，就再重新交往吧。」

能夠說出這些話，明日香自己也很驚訝。不只是她，對方也感到很意外。

「你好像不一樣了。」

後來在諮商時她告訴我，經過幾次約會之後，兩人已經決定重新交往。

「這應該就是大家所說的『復合』吧，可是我覺得自己的心境跟過去有點不太一樣。」

以前是以前，對我來說，那段關係已經是過去式，我要確實劃清界線，從現在開始用心經營另一段全新的關係。她堅定地這麼說。由此可知，她的想法已經跟過去大不相同了。

「放手」不等於「開心復合」

這裡有一點大家要注意。

由於這個案例太過於戲劇化，以至於很多人會問：「所以只要我放下對方，對方就會回到我身邊嗎？」答案當然不是這樣。

如果放手是為了跟對方復合，不過就是一種欲求罷了。我一再強調，放下欲求才是重點，所以如果是出於欲求，不管再怎麼努力，都不算是放下。

以明日香的例子來說，之所以最後對方又回到她身邊，是因為她鼓起勇氣放下對方。

對於原本緊抓著不願放手，卻又充滿怨恨的男友，她毫不逃避地面對自己的負面情緒，一一將它放下，用愛著對方、希望對方幸福的心情勇敢放手，用無償的愛勇敢放下對方。

而她這麼做之後，碰巧換來對方的回頭。這是事實。

放手之後不保證對方就會回頭。也許會有這種期待，不過最好別把兩者畫上等號。

[實踐篇]
放手練習

第4章

「優先重視」自我情緒的小小練習

放手的基礎練習

不斷練習，直到完全放下為止

下頁表格的內容是我整理出來的放手的基礎練習。放下執念的方法很多，這是我經過長年的諮商經驗，不斷調整、修正出來的一套方法，希望大家能透過這套方法成功放下執念，重新感受自由。

想要成功放下執念，光靠一次的練習無法辦到，一定要反覆不斷練習才行。

這套練習最重要的是步驟1「下定決心放下那個人」中的第3項和第5項。以練習內容來說，包含了「怨恨筆記」（第6章）、「一封感謝的信」、

暖身	**「優先重視」自我情緒的小小練習**	**第4章 ▸ P125**
1	回到以自我為中心的思考	「我的想法是～」「我想怎麼做」 養成把自己當主詞去思考和行動的思維習慣（138 頁）
2	提升自我肯定感	找出自己的魅力，接受自己的缺點， 培養自我肯定的習慣（141 頁）
步驟 1	**下定決心放下那個人**	**第5章 ▸ P153**
1	決定對象	決定要放下誰（東西）
2	找出正面動機 並設定目標（好處）	為什麼要放下那個人(東西、事情)？ 放下那個人(東西、事情)之後，自己會有什麼改變？
3	測試決心的宣言練習	你敢大聲說出「我要放下〇〇， 讓自己自由」嗎？
4	回答問題，整理內心	回答 5 個問題，朝著「放下」整理內心
5	面對對象	**面對對象的想像練習**（168 頁） 對象若為事物，則先擬人化
6	自我安慰	**安慰自己的想像練習**（171 頁）
步驟 2	**透過「怨恨筆記」宣洩情緒**	**第6章 ▸ P175**
1	寫下負面情緒	把想到那個人（東西、事情）時， 心中的感受原原本本地寫下來
2	肯定過去	跟那個人（東西、事情）相遇， 你學習到什麼？有什麼成長？
步驟 3	**說出心中的感謝，重新開始**	**第7章 ▸ P213**
1	一封感謝的信	「謝謝你，同時也跟過去的你說再見。」
2	推開通往 嶄新世界的大門	解開和那個人（東西、事情）之間的枷鎖 **邁向嶄新世界的想像練習**（218 頁）

「邁向嶄新世界的想像練習」（皆在第7章）共3項。等到方法熟練之後，只要直接做這3項練習就能見效。

練習開始之前的4大提醒

放手練習其實就是改寫自我潛意識的過程，注意以下幾個重點，練習的效果會更好。

・比起用腦袋想，不如傾聽內心的聲音

開始做想像練習時，各種情緒會蜂湧而出。憤怒、難過、寂寞、罪惡感、無力感、擔心、不安、恐懼，還有感謝和愛情。

無論浮現的是哪一種情緒都無所謂，情緒這種東西，隨著感受愈深，愈容易獲得解脫，心情也會更輕鬆。

・保留充足的時間

根據每個人的狀況不同，練習的時間也各有差異。

這套練習一次通常需要3個小時，如果是第一次嘗試，最好保留比這更多的時間比較妥當。

開始進入練習之後就不要中斷，盡量一口氣完成到最後。因為情緒一旦被中斷，就很難再繼續。不過話雖這麼說，進行的過程中如果覺得太痛苦，也可以稍作休息。或者，例如中途被緊急的事打斷，當然也只能先暫停。

只不過，之後再重新接著練習的時候，請從步驟1「下定決心放下那個人」的「測試決心的宣言練習」開始，重新設定好情緒再開始。

・在能夠專心的環境下進行練習

放手練習當然也能在家進行，只是家裡讓人分心的因素出乎意料地多，例如電話響、宅配上門，或是想滑手機看SNS訊息、突然想起有事情要做等。

會分心是因為「不想面對」、「想逃避」等心理因素的緣故，也就是為了逃避痛苦，所以把注意力轉移到其他事物上。

這麼一來，好不容易浮現的情緒會因此又被壓回去。

所以可以的話，最好的練習場所是飯店之類的房間，而且房間裡必須要備有桌子，因為過程中會需要寫筆記。

推薦飯店等隱密性高的場所還有另一個原因是，大多時候，想像練習對內心造成的作用會超乎你的預期。

由於過程中幾乎都會流下眼淚，所以不建議在有旁人的場所進行，就算是你很喜歡、覺得舒適放鬆的咖啡廳或圖書館，也都不適合。

・安排一個能放鬆的舒適環境

挑選適合當下心情的背景音樂。當然也可以不放音樂。另外，由於進行的時間比較長，手邊記得準備一些解渴的東西。也可以準備一些零食或點心等食物。

要點總結

依照步驟1～3的順序，
花時間慢慢練習放手。

鍛鍊心理的基本體力

愛上自己的2個方法

在馬上進入「放手練習」之前，先調整好自己的心理狀態吧。

雖然這跟執著的程度也有關係，不過放手必須具備一定程度的「強韌心理」。執念是內心為了保護自己所做出來的一種防衛反應，所以如果沒有做好準備就隨意進行，很可能會讓自己受傷。因此，就像醫生在進行手術之前要先培養體力、調整好狀態一樣，練習放手之前也要做好心理的調適才行。

這個階段的重點有2個，一個是「以自我為中心」，另一個是提升自我肯定感。

人在有執念的時候，很容易整個人依附在對方身上，凡事「以他人為中心」。例如「他的想法是～」、「這個必要的是～」，而不是「我的想法是～」或是「我想做什麼」。這種思維習慣就是「以他人為中心」，重點沒有擺在自己身上。

習慣以對方優先，凡事遷就於對方。這種狀態可以說已經放棄自我思考，完全依賴對方了。

放手是一種主動性非常高的行為，倘若內心是這種狀態，自然沒辦法下定決心放下。

另外，如果在強烈自我否定、對自己毫無自信的狀態下進行練習，就算知道該怎麼做，情緒也會不由自主地變得消極負面。這麼一來，原本是想放下，結果卻可能導致執念更加強烈。

想法、對事物的看法等，
全部以對方為主，「自己」不見了

基於以上這些原因，以自我為中心、提升自我肯定感，這兩點可以說是進行放手練習時必備的「心理的基本體力」。

有很多案例都是在找到自我中心、提升自我肯定感之後，發現執念也跟著消失。這也是為什麼很多人還沒進入真正的練習，才剛調整好心理狀態，就已經成功放下執念的原因。

從這個角度來看，這兩個心理調適的步驟可以說非常重要。

提升自我肯定感後成功放下執念

以「執著於嫉妒」的小遙為例，對每個人都心懷嫉妒的她，我建議先重新找到自我中心，並且提升自我肯定感，剩下的就是耐心等待沒有自信的狀況能有所改善。由於她原本就是個熱情強烈到足以不停燃燒嫉妒之火的人，因此在學會肯定自我價值之後，很快地便找回了自信。

找回自信之後，她不再感到嫉妒，反而多了驚人的行動力——

她反過來向遲遲說不出要結婚、個性優柔寡斷的男友求婚，說服對方和她一起步入禮堂。

對於在父母過多的期待下，堅信自己是個「無用之人」的佳奈，我也給了她同樣的建議。

以佳奈的例子來說，放下沒有用的自己，其實就是允許自己「不必回應父母的要求也沒關係」。當她成功解開父母給她的束縛之後，她說：

「感覺好像自己三十幾歲了才開始進入叛逆期（笑），凡事都會忍不住想反抗……」

這種反應非常好，沒有經歷過叛逆期的孩子，在精神上是無法獨立自主的。錯失了青春期的機會，等到三十、四十歲才迎來叛逆期的人，意外地並不少。

這時候也許會擔心跟父母的關係變得惡化，不過請放心，等到這遲來的叛逆期結束，跟父母的關係便會獲得修復。只不過，到時候應該會是跟過去截然不同的全新關係。

已經不再是「期待」和「回應期待」的關係，而是互相認同彼此的價值、尊重彼此意見的關係。

要點總結

執著會讓人貶低自己，容易變得負面。

藉由提升自我肯定感，也能提高放手的成功機率。

自我中心的練習

搶回「人生主角」位置的神奇咒語

練習 1

「我是我，別人是別人。」

確立自我中心的方法很多，我最常建議的作法是透過「咒語」。來，跟我一起大聲喊出接下來這句神奇咒語：

「我是我，別人是別人。」

只要反覆複誦這句咒語，說話時自然會減少以他人為主詞的說法，開始會以「我」當主詞。這就是成功確立自我中心的證據。

當然也不需要完全用「我」當主詞來說話，差不多佔一半的比例，或是比這再多一點就行了。

練習 2 「我想怎麼做？」

強化自我中心除了「我是我，別人是別人」的咒語之外，我會建議再加上以下這一句：

「我想怎麼做？」

這是確認自我意思的一種訓練。既然是訓練，除了執著的對象以外，日常生活中任何一點小事情，也都要大聲問自己「我想怎麼做？」，確認自己的想法。

午餐時，問自己：「我想吃什麼？」
工作空檔站在自動販賣機前，問自己：「我想喝什麼？」
下班後走出公司，問自己：「接下來我想做什麼？」

這麼做之後會發現，面對生活中的很多事情，我們通常「不經思考」或是「不自覺」，輕易地就讓習慣來幫我們做了決定。

在沒有確認自我意思下就採取行動，不僅會變得隨波逐流，還會有愈來愈多「必須這麼做」等有義務壓力的事情出現。

可是，一旦懂得把注意力確實擺在自己想做什麼，例如當你拖著一身疲累下班回到家，這時候你可能會選擇「雖然今天一定得洗衣服，不過『我』現在好累，明天再說吧」。

提升自我肯定感的練習

清楚瞭解自己的魅力和價值

練習 1 用「自己的方式」努力過的事

自我肯定感倘若持續偏低，很容易會一直執著於現在的關係，因為你會告訴自己，「如果錯過這個人，就再也沒有人會願意跟我交往了」，或是「萬一被開除，就沒有公司肯雇用我了」。這個時候，如果你是以別人為中心，就會勉強自己去迎合對方，或是努力達到公司要求的目標。

可是經過上一節的練習，現在的你已經懂得以自己為中心，所以，你只要想辦法找出每個人都擁有、你當然也不例外的自我魅力和價值就行了。

我常會問諮商者這樣的問題：

你曾經用自己的方式做過什麼努力？
哪些是用自己的方式做得很好的事？

重點在於「用自己的方式」，也就是不跟他人做比較。自我肯定感偏低的人，經常會跟他人做比較，眼裡只看得見比自己優秀的人。

「雖然別人怎麼做我不知道，也不是因為被稱讚才這麼做，只是，我現在用自己的方式做得很好，因為我是這麼覺得的。」

至少應該要這麼想才對。

這就叫做「自我認同」，自己認同自己。這是提升自我肯定感非常有效的方法。

「自己認同自己有什麼用，要別人認同才有意義。」

會這麼想，表示你無法認同自己。就算別人真心認同你，你也不會接受，反而覺得「那只是在說表面話」、「明明〇〇比我優秀」，內心充滿否定和比較的想法。

當自己能夠認同自己，就有辦法接受他人對你的評價。因此最好的方法，就是持續發覺用自己的方式做得很好的事，或是用自己的方式嘗試過的努力。

練習 2 你的魅力在喜歡的人面前無法展現

對多數人來說，自我魅力和價值其實都是非刻意的表現。像是被說「很貼心」的人，並非刻意努力表現貼心；被說「對人的觀察很細微」的人，也不是刻意拚命地去觀察別人。因此，當這些事情被稱讚時，當事人一定會這麼說：

「這沒什麼，大家都會這麼做吧！」

這是因為這些對他來說都是很自然的行為，並不覺得是魅力或什麼的。這一點，你當然也一樣。

老實說，自我魅力和價值這種東西，其實自己大多不會有自覺。你真正的魅力和價值，就是「對你來說很稀鬆平常，不覺得有什麼的東西」。這一點請大家要先有認知。

接著，請想想這個問題：

你身邊有人具備何種魅力或價值嗎？

所謂「身邊」指的是家人、朋友、同事、一起學才藝的夥伴，或是同學等周遭的人。先試著發現他們的優點。

接下來很重要的一個步驟是，把這些魅力和價值一一條列寫出來。

寫好了嗎？接下來，看著這些你寫下來的魅力和價值，你知道這指的是誰嗎？

「什麼意思？不就是身邊的那些人嗎？」

不對，這些其實是你自己的魅力和價值。

你心裡一定想：「咦？不對吧？我怎麼可能有這些優點，不可能！」事實

貼心的人才會發現他人的「貼心」

這麼晚還沒下班，辛苦了
來杯咖啡吧
她好貼心喔

上，這是運用「投射」這種心理的運作方式來發現自我魅力和價值的一種方法。

對於自己所沒有的特質，人是看不見的，好比不貼心的人不會看見他人的貼心，就算看到了，也只會覺得「為什麼要那麼做？」，當然也不會把它視為優點。

如果你覺得「那個人好貼心」，表示你也具備貼心的特質。

大家也許一時間沒辦法接受這種說法，所以請容我再解釋得更清楚一點。人對於自己的魅力和價值，幾乎都不會察覺。

不過，你只要告訴自己「是這樣啊，原來我也具備這種魅力和價值」就行了。

這一點很重要，因為當你試著努力說服自己清單上所寫的就是你的魅力和價值的時候，你的內心一定會有所抗拒。所以，你只要不時拿出清單，告訴自己「喔，原來這就是我的魅力和價值」，這樣就行了。

練習 3

接受自己的缺點

發現自己的價值和魅力之後，相對的，也要慢慢肯定自己的缺點。

記住是肯定，不是修正。

大多數的人從小都是被教育「有缺點就要改正」。這種迷思的形成，除了受到從小教育的強烈影響以外，另一個原因是人都習慣注意自己的缺點。而且不只是注意，有時候還會否定自己，拚命想要改正。

先讓我們回過頭來思考一下：缺點真的是如此十惡不赦、非改正不可的東西嗎？

舉例來說，沒有方向感應該是個很糟糕的缺點，可是每次我在演講中問起台下有沒有人是路癡時，舉手承認的人通常會將錯就錯大方地說：

「反正手機就能看地圖，再不會看，大不了找人問路就行了。」

從這個例子我們可以來思考，缺點究竟能不能用來作為苛責自己的理由呢？

覺得「這就是我啊」、坦然接受自己缺點的人，當然有辦法大方面對。相反的，覺得「不行，這樣會被討厭」而否定自己缺點的人，就會一直討厭自己。

換句話說，折磨你的其實不是缺點，而是你無法接受缺點的態度。

關於缺點的另一個說法是：

「缺點從另一個角度來看，就會變成優點。」

換言之，缺點和優點是一體兩面。

請各位想想自己周遭的人，總是活力充沛的人，另一方面是不是也很容易暴怒呢？貼心的人是不是會讓你覺得「有點優柔寡斷」呢？

從某個角度來看是缺點，換個角度之後就變成優點。這是評論他人特質，維持良好人際關係的秘訣。如果也套用在自己身上，就是提升自我肯定感的好方法。

大家不妨把自己的缺點列出來，然後轉換成優點。

像是「容易生氣的人的優點是什麼？」，盡情地發揮想像。

同時也請想想，這個缺點「會讓誰開心」。例如「不會整理東西」的缺點，能讓「擅長整理收納的人」發揮所長；「沒有時間觀念」的缺點，對於

「愛照顧別人的人」來說是最開心不過的事了，因為這麼一來他就能隨時關心對方「你還好嗎？你遲到了唷」。

有缺點沒關係，就算有缺點，那也是我的特質。而且你看，它還讓人這麼開心呢。

只要能夠像這樣接受自己的缺點，自我厭惡的情況就會大幅減少。自我肯定感提升了，心情也會變得更輕鬆。

練習 4

培養稱讚自己的習慣

你還記得小時候被大人稱讚的經驗嗎？

這個問題我問過很多人，不少人給我的答案都是「我不太記得自己小時候曾被稱讚過」。長大之後更是如此，女生之間也許還會邊聊天邊稱讚對方，可是除此之外，如果不是什麼了不起的事，幾乎不太可能會被稱讚。

關於稱讚，其實在心理學上也有正反兩派的意見（反對派的理由是，這麼做會讓人為了被稱讚而努力）。不過，基本上我不認為稱讚有什麼不好（只不過，我不贊成「因為你〇〇，所以很棒」等有條件的讚美）。

被稱讚會讓人感覺自我價值受到肯定，相反的，不被讚美的人，很容易會產生自我價值不受肯定的想法。

「我想稱讚一下自己。」

曾經有個運動員說過這麼一句名言。相信大家也都有過「快點稱讚我！」的想法，因為自己這麼努力，交出這麼亮眼的成績，這麼為你著想……

既然如此，就自己給自己一句讚美吧。

每天給自己5句讚美，並且把它寫下來。

剛開始也許會覺得很難，總之就是習慣問題，習慣了之後就很簡單，因為生活中到處充滿可以稱讚的事。

[實踐篇]
放手練習

第 5 章

下定決心
放下
那個人

放下的對象是誰（什麼）？

我執著的對象是誰？

從這一章開始，終於要正式面對執念，進入放手練習了。

首先，這個階段的重點是「放下的對象是誰（什麼）」。

你也許會說自己當然知道自己的執著對象，但是事實上，這個問題出乎意料地會令人困惑。

舉例來說，在第1章的案例中提到的麻衣，她雖然執著於跟主管之間的不倫戀，但是後來才明白，真正的原因其實是對母親的執念。也許她對現在不倫關係中的對方也有執著，不過一旦放下背後真正的執念——母親，對不倫戀對象的執著或許也會跟著慢慢消失。

這讓麻衣感到困惑：

「所以，我現在要放下的是他還是我母親？」

不只是戀愛，長大後的各種人際關係，都可能受到從小生活在一起的父母的影響。有時候與其放下情人，放下家人才是對自己日後的人生有幫助的選擇。這種該放下男友還是母親的問題，也是許多諮商者會問的問題。

面對這種問題，我通常會建議對方：

「假使你對男友的感情比較強烈，何不就放下對方吧。如果在放手的過程中覺得自己執著的是母親，到時候就再放下母親。」

麻衣接受了我的建議，決定放下不倫關係中的對方。

在放下之後，她終於從不倫戀中獲得解脫。

曾經也有諮商者，原本打算放下剛分手的男友，可是經過深談之後才發現，自己放不下的是更早以前交往過的對象。

我們都忘不了過去發生過的每一段關係，所以現在你想放下的執念，很可能也包含了跟過去戀人之間的關係。

從內心的煩躁找出執念的根源

該怎麼知道過去的人際關係對現在的自己造成多大的影響呢？

方法就是：問問自己的內心。

在第3章提到，放下執念之後，每當再回想起來，會有一種酸酸甜甜、懷念的感覺，就像畢業後再想起過去的校園生活的感覺。相反的，如果心裡還殘留著執念，就會有種厭惡感。

說得更具體一點就是覺得心裡煩悶不舒服、微微刺痛、沉重的罪惡感、不由自主地覺得煩躁等。把這些「心理徵兆」當成線索，就能一步步找出真正需要放下的那個對象（情緒）。

要點總結

放手練習一次只能放下一個對象，先決定你要放下誰（什麼）吧。

你想放下誰？

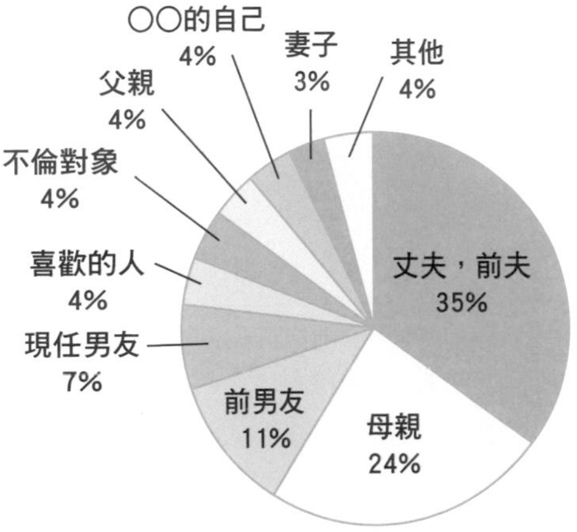

出處：講座聽眾問卷調查結果

做好心理準備了嗎？

在這一章，我會依照放手練習（127頁）步驟1「下定決心放下那個人」中的1～4項，一一為大家說明重點。

決定放手 1

［決定對象］

你要放下誰？

很多人會為了想放下執念而來參加我的講座或是尋求諮商，其中有些人會這麼跟我描述來找我的原因：

「大家都說我應該放下對丈夫的執著。」

「我看了你的部落格文章後發現，如果我一直放不下前男友，接下來的戀情還是會失敗。」

因為這些原因來向我尋求協助，我當然心懷感激，可是另一方面也不禁感到疑惑。

・你真的願意放下嗎？
・你真的已經做好準備要放下了嗎？

如果是因為他人的勸說才來，這等於是我們在「第4章」介紹的，以他人為中心的想法。換言之，當事人並不具備自己的主動性。

執著是一種心理的防衛反應，在放手的過程中，有時候會對內心造成極大的壓力。倘若不是自己堅定且出於自願地「想放下執念」，很可能會無法克服。

就像麻衣的例子，雖然自己決定要「放下對母親的執念」，可是在練習的過程中，每當她想像自己離開母親，內心就幾乎快要崩潰。

另外像是「無法擁有幸福愛情」的問題，有人是不斷往下挖掘才發現，原因其實是自己內心的「恐懼」。

可見恐懼、不安的情緒本身，也可能引發執念。

就算沒有引發執念，恐懼也是所有人避之唯恐不及的東西。所以，**如果是因為「不想〇〇」或是「不想再〇〇了」等畏懼的心情才決定放手，那麼放手本身就會變成一種壓力。**放手的過程很多時候需要很長一段時間，如果承受著壓力會沒辦法持續下去。

我設計出來的這套放手練習，當事人必須要能夠冷靜客觀地審視自己。不僅如此，練習的過程中會伴隨著一定程度的「痛苦」。如果是因為他人的意見，或是恐懼、不安等理由來嘗試，不管是客觀審視自我還是克服痛苦，都會變得相當困難。

放手必須要做好心理準備。這一點請務必謹記在心。

最讓我擔心的是在他人的勸說下決定嘗試放手的案例。如果連放手的理由都要仰賴他人，表示自己根本還沒做好準備。

就算一開始是因為他人的勸說也無妨，不過一旦決定要做，自己一定要找到「因為～所以『我』想放手」等主動性的理由才行。

在下決定之前，請再一次問自己：

・「我」為什麼想放下那個人？

・放下之後，對「我」有什麼好處？

如果只能想到曖昧不明的答案，就算開始練習也會心不在焉，內心無時不在逃避，沒辦法誠實面對放手的對象。

這麼一來，好不容易空出寶貴的時間練習，也感覺不到效果。這樣不是很可惜嗎？

此刻，請再一次問問自己的內心——

我真的願意放下對那個人的執著嗎？

別人叫你下定決心，只會讓你心生抗拒。雖然放手會伴隨著痛苦，不過你可以想著擺脫執念之後的將來，帶著興奮的心情去面對它。

先找到一個正面、讓自己心動的理由吧。

例如以下的例子。

・**想放下對丈夫的執念**

→重新建立更自由、擁有自我的夫妻關係，跟丈夫過著每天熱戀的日子！

・**想放下對前男友的執念**

→更坦然地展現自己的魅力，大方接受現任男友的愛，談一場快樂幸福的戀愛！

・想放下對母親的執念

——以一個成熟大人的身分自主獨立，自由地做自己想做的事，過幸福的人生！

如何？這些理由聽起來是不是比「別人勸說」或「再這樣下去不會得到幸福」，更積極正面，且堅定有力呢？

我的意思並不是負面理由不能作為動機，執著本來就是很痛苦的一件事，就算有負面動機也很正常。

只不過，靠著負面動機採取行動，結果並不會朝正面發展。正因為如此，最好還是給自己找個像上述那樣正面且令人心動的理由吧。

這麼一來，你才有辦法在練習中找到快樂。

只有負面理由是快樂不起來的，快樂不起來，就很難堅持到最後。

3

［測試決心的宣言練習］

我要放下你，找回自由

現在，各位已經找到正面動機了嗎？

那麼，在這裡先讓我們停下來稍微確認一下，自己是不是已經做好放手的決心了。

請先嘗試以下簡單的練習。

①心裡想著想放下的人。

②對著他宣告：

「我要放下你，找回自由。」

如果沒辦法乾脆地說出這句話，表示你可能暫時還沒有做好放手的心理準備。也許是因為「不想離開他」或是「不想忘記他」，又或者是對還自己自由心有抗拒或存疑。在這種狀態下，內心會抗拒想像自己放下對方朝下一步前進，所以才會說不出口。

這個時候，不妨再一次想想放下對方的好處和目的。

一想到要放下對方，寂寞和不安也許就會浮上心頭。先全盤接受這些感受，然後試著自由地想像放下對方之後所擁有的未來。

宣告放手的對象

最好能在腦海裡描繪出一幅讓自己心動、想盡早擁有的未來藍圖。

等到這令人心動的未來藍圖在腦海中成形之後，再回過頭去嘗試「宣言」練習。

這一次應該能順利說出口了吧。

做出宣告之後，心情上如果感

到積極，覺得「好！我要加油！」，練習就算結束了。如果心裡還是覺得不踏實，但是只要想法積極，也可以說自己已經做好放手的決心了。

只要抱著這份決心繼續接下來的練習，一定能感受到明顯的效果。

4 做筆記

［回答問題，整理內心］

接下來是整理內心。放手練習會使用到兩本筆記本，在這裡請先翻開其中一本。

把下頁問題的答案寫在筆記本上。

在寫的過程中，心裡應該會湧現許多情緒。別擔心，這些情緒表示你已經朝放手邁出第一步了。請聽從自己的情緒繼續下去。

要點總結

不斷反覆練習，直到找到能讓自己願意主動嘗試的理由。

為放手做好心理準備的5大問題

問題1　你今天要放下的人是誰？

・先決定一個今天要放下的對象

這個練習可以反覆進行，每天只針對一個對象

問題2　你和那個人之間發生了什麼事？

・跟對方之間發生的事情
・自己的感覺是什麼（具體描述）

你和「那個人」相處在一起的時間可以按照時間順序，也可以想到什麼就寫什麼

問題3　放手的目的和理由是什麼？

・讓你心動的理由
・正面理由

多找幾個讓心情能夠更積極的理由

問題4　放手後會有什麼改變？

・放手之後自己的心情和狀態
・日常生活等的變化

盡可能自由地想像
也可以把這些設定成感覺上的目標

問題5　現在你想跟對方說什麼？

・想像正在寫信給對方，誠實地寫下自己的心情

把想說的話誠實寫下來，憤怒也好，難過也好，或是感謝或愛等什麼都可以。

決心和安慰的想像練習

5

〔面對對象〕

跟對方面對面的想像練習

針對上一節5大問題（167頁）中的「問題5：現在你想跟對方說什麼？」，有些人也許沒辦法馬上寫出答案。這很正常，畢竟才剛開始嘗試練習，不必因為寫不出來就感到焦急。

這時候可以透過想像練習來面對對方。

既然是想像，最好是閉上眼睛。不過這麼一來就沒辦法照著書上進行，所以你也可以一面看著書一面想像。

那麼，就讓我們開始吧！

1

▼

對方現在站在你的面前。

・他的表情是什麼？

・是否直視著你？

2

▼

看著對方，你有什麼感覺？

試著感受自己的心情。

不管是憤怒、難過、感謝或愛等，

任何感覺都沒關係。

3

▼

把自己的心情說出來。

・例如「我現在很難過」等

4 ▼ 對方聽到之後，表情有什麼變化？

看到對方的表情，你的心情有什麼變化？

・跟之前的表情有何變化？還是沒有改變？

5 ▼ 如果想到任何以前想說卻說不出口的話，或是告訴自己要忍住不該說的話，現在都試著把它說出來。

6 ▼ 感受一下說出來之後自己的心情。

7 ▼ 把注意力回到現在的房間。深呼吸。

8▼再一次想像著對方。

9▼把接下來這句話說10遍：

「今天，我要放下○○，還自己自由！」

・用平常稱呼對方的方式

・說的時候盡量挺起胸膛

決定放手 6

［自我安慰］

安慰自己的想像練習

接下來是跟受傷的自己面對面、給予愛的想像練習。

在上述的「跟那個人面對面的想像練習」中，有時候會讓人感到痛苦。人在痛苦的時候，除了會責怪對方以外，也會狠狠地傷害自己，例如「這樣是不行的」、「我要更努力才行」等否定自己、督促自己或是激勵自己等。

過去的你很痛苦，現在你可以選擇全心接納那個自己，安慰他、憐惜他、愛他。

做不到也沒關係，有時候難免會對想像中的自己生氣，無法擁抱自己。這時候只要繼續感受那些心情就好。

慢慢地那些感覺會漸漸變淡，你變得能夠接受自己了。接下來，讓我們再一次進入想像的世界吧。

1

▼ 在你面前有一台時光機。

讓我們搭著這台時光機，去找最痛苦的那個時候的你吧。

• 如果過去有很多痛苦的時期，就隨便選一個

• 靠直覺來選就好

2

▼ 當時的你就站在你面前。

・他有什麼表情？

3

▼ 看著他的表情，你有什麼感覺？

・你想跟他說什麼？

・把想說的話說出來

4

▼ 再一次感受你現在的心情？

如果有話想再一次對當時的你說，現在就說出口。

・╳責罵

・╳鼓勵

・〇溫柔的感謝

5

▼ 說完之後，輕輕地張開手，給當時的你一個擁抱。

・有什麼感覺？

・在你懷中的那個你是什麼表情？

6

▼

摸摸他的背，拍拍他的頭，握緊他的手。

・直到你的心情稍微冷靜下來

7

▼

靜靜抱住當時的你。

・有什麼感覺？

・那個你有什麼反應？

[實踐篇]
放手練習

第6章

透過「怨恨筆記」宣洩情緒

透過筆記盡情宣洩負面情緒

手寫怨恨筆記

做好放手的決心之後，接下來要進入面對自我情緒的練習，也就是放手練習中的步驟2「透過『怨恨筆記』宣洩情緒」的部分。

包含之前在第2章「執念反映出來的『情緒』」中介紹的情緒在內，執念背後的情緒其實相當複雜，而這些都是你現在緊抓著不放的情緒。

這些情緒不僅會阻礙準備放下執念的你，有時還會讓執著變得更強烈。如果能夠擺脫這些情緒，對於放下執念來說等於前進一大步。而且內心會變得更有餘裕，重新找回冷靜和包容，有時候甚至會產生真心感謝對方的正面心情。

為了宣洩心中的負面情緒，這個部分的練習會使用到筆記本。如果只是用想的來抒發負面情緒，光是在腦子裡打轉根本無濟於事，必須透過「寫下來」的行為，讓情緒跟著文字一起輸出，獲得宣洩。

我把這本筆記稱為「怨恨筆記」。

在如今這個科技時代，我刻意選擇了手寫筆記這個方法，因為這是我做了各種嘗試之後，發現效果最好的方法。

用電腦和手機當然也有一定的效果，但是如果是親自動手寫出來，不自覺施加在筆尖的力道所造成的筆觸變化，以及寫出來的文字大小等，都會讓情緒有更柔軟、更豐富的表現。

我在講座上會特地為學員準備高級和紙的特製筆記本（順帶一提，在我的官網上也能買到這種筆記本），為的是帶給學員一種「我準備好要放手了！」的積極心情。不過一般大家只要準備一本普通的筆記本就行了。

從這一章到下一章的內容，目的都是在改變你的內心思維，就像確立自我中心、和提升自我肯定感（第4章）一樣。

為了讓大家瞭解怨恨筆記帶來的實際改變，我會先透過幾個前面的案例來做說明，包括對母親有執念的麻衣、無法拋棄討厭的朋友關係的小彩、面臨放手讓孩子獨立的美咲，以及執著於金錢的誠。

充滿真心話的筆記

寫怨恨筆記請務必遵守以下的原則：

在感到心情舒暢前絕不停筆。

在情緒源源不絕湧現時斷然停筆，用個比較不衛生的比喻，這種感覺就像久久上一次大號，才上到一半卻要忍住不上……沒錯，這是非常危險的一件事（笑）。

所以，建議一定要確保有足夠的時間來寫，至少也要保留2～3個小時的時間。

那麼，就讓我們開始進入怨恨筆記練習吧。

把對那個人的情緒，快速地寫在筆記上，想到什麼就寫什麼。

方法是把想起對方時心裡浮現的情緒和感受，原原本本地寫下來。

這些筆記只有你會看到，所以寫什麼都沒關係。

不能原諒的事，生氣的事，討厭的事，一直忍受的事，埋怨的事，憎恨的事，嫉妒，不安，恐懼，難過，寂寞。

或者是說不出口的事，想為對方做的事，想跟對方道歉的事，現在想說的心情等。

將心中浮現的情緒，全部寫下來。

有時候心裡會一直浮現同一種情緒，這種時候只要不斷重複寫下來就行了，曾經就有一個人連續寫了十頁的「難過」。

情緒就像地層一樣是層層疊疊堆積而成，當某一個情緒層剝落之後，底下的情緒就會露出頭來。舉例來說，一開始不斷感到憤怒，可是漸漸地情緒轉變成難過，接著又感到寂寞。而且，有時候接下來出現的，竟是先前已經剝落的憤怒，重新以另一個不同的地層再次浮現。

這些變化，全部都照實寫下來就對了。

當初我也有要求對母親存有執念的麻衣寫怨恨筆記。事實上，由於她對母親的愛太過強烈，我原本以為她應該寫不出來，可是沒想到在第二次的諮商中，她告訴我：

「我把對母親的不滿和憤怒全寫出來了，連我自己也嚇了一跳。」

例如，她寫了以下的內容：

「媽媽的身體不好，害得我必須要堅強。」

她從小就養成「自己必須在媽媽身邊守護著她」這種強烈的義務感，覺得這是自己應該做的。這種想法源自於她對母親的深愛。可是另一方面，這股隨時把媽媽擺在優先的義務感，也讓她多了許多犧牲和忍耐。

我總是沒有自由。我也想邀請朋友來家裡玩。我也想多跟媽媽撒嬌。只顧著注意媽媽的狀況，以至於我忽略了自己的幸福。

寫著寫著，對母親的「怨恨」開始蜂湧而出。後來她才知道自己甚至覺得：

「我結不了婚都是媽媽害的！」

雖然已經知道自己執著的對象是母親，可是她完全不知道自己甚至有「都是媽媽害的！」這種怨恨的心情。換句話說，吐露在怨恨筆記上的，是連麻衣自己也沒有察覺的對母親的真心話。

知道自己的這種心情之後，麻衣的心裡有了更多複雜的情緒，包括對母親感到抱歉所衍生而來的罪惡感，以及一想到帶給女兒這種心情的母親的心情，她就難過得幾乎無法忍受。

要點總結

怨恨筆記是維持心理健康的重要筆記。
把想到的情緒，全部寫出來吧。

如何面對憤怒和焦躁的情緒？

怨恨筆記 1

不要隱瞞憤怒、嫉妒等醜陋的情緒

寫怨恨筆記的時候，大部分的人都會面臨一種強烈的情緒。那就是憤怒。

憤怒對放下執念來說是個非常重要的情緒，甚至說「放手是靠著憤怒的力量一步步達成」也不為過。

憤怒是擺脫依賴、邁向自立的必要動力。

人在執著的時候都是處於依賴的狀態，隨時想的都是「對方可以為我做什麼」。因為覺得「自己什麼都辦不到」，所以害怕被拋棄或討厭，反而刻意不去理會心裡的憤怒。甚至有人根本內心已經麻痺，完全感受不到憤怒。再加上「自己什麼都辦不到」的自我否定，心裡其實非常痛苦。

不過，一旦確立自我中心、提升自我肯定感之後，就有辦法客觀檢視自己的痛苦。這時候心情就會轉變成憤怒，例如「我這麼愛他，他怎麼可以～」。接著再藉由這股憤怒的力量，告訴自己「我再也不要依賴他了，我要靠我自己！」，邁向獨立自主。

可是，你現在要放下的那個人，應該是你原本很喜歡，或者是關係密切、最重視的對象。要對這樣的人發洩怒氣，大部分的人心裡一定都會強力抵抗。

所以，你必須允許自己「生氣也沒關係」。誠實地將怒氣宣洩出來，心裡才有辦法做好放手的準備。

不過，如果怒氣太過強烈，會導致心裡一直想著對方，想著要讓對方好看、要報復對方，等到回過神來，想法又整個繞著對方了。

正因為有這種可能性，所以才需要藉由怨恨筆記這種容易控制的方法來發洩怒氣。

直截了當地說就是：

你眼前的怨恨筆記，其實就是「馬桶」，廁所裡的那種馬桶。

而你感受到的憤怒，沒錯，就是大便。

怒氣如果積在心裡，簡單來說就會像便秘。這樣其實很不健康，所以還是要把它全部排出來。

但是如果隨便亂吃瀉藥，在意想不到的地方突然有便意，那就糟糕了。難不成真要就地解決嗎？當然不行，還是得到廁所才行。

怨恨筆記就是為排解怒氣準備的廁所馬桶。當然，怒氣以外的情緒也能接受，會幫你清除得乾乾淨淨。

而且沒有人會看到，既安全又安心。因此，請盡情地在怨恨筆記上宣洩情緒，還自己一個暢快的心情。

2 試著把感受說出口

大家可能會擔心：「我把自己的大便，啊不對，是怒氣宣洩出來，不會給對方造成麻煩嗎？」

以執著作為盔甲保護內心的人，大多是心地善良的人，就算「想上廁所」，也會擔心造成對方麻煩而說不出口，扭扭捏捏地一直忍耐。不過，這樣只會加速便秘的速度。

對討厭的朋友感到厭倦，卻不敢跟對方斷絕往來的小彩，就是這種類型的人。

於是，我請她把自己的煩惱，改成以自己為主詞的句子說出來。

「其實我只要跟你在一起就覺得很累！」

「其實我真的超超超超級討厭你！」

這種誇張地表現心裡的怒氣，很抱歉我又要用沒衛生的比喻，這種方法就像灌腸。

一開始小彩對這種作法似乎很抗拒，一時之間完全說不出話來。後來她決定豁出去，一開口，整個人就彷彿找回被邪靈附身的身體，表情頓時變得很輕鬆。

於是，我請她回家之後繼續寫怨恨筆記，當下一次再見到她時，她告訴我：

「我寫著寫著，突然意識到原來自己一直被對方綁住。而且我現在的朋友關係，很多都不是我想要的樣子。」

在之前的諮商中，當我建議她「如果不想去，直接拒絕不就行了」的時候，她找了各種理由來反駁我，包括「我們都是老朋友了」、「要是她下次不找我了怎麼辦」等。可是這一次，她主動做出宣告：

「我不想再當好人了，我決定『不想見的人就不要見』！」

當她實際這麼做之後，不只心情愈來愈開心，朋友關係也出現許多變化。最後她的身邊只留下幾個合得來的朋友，彼此的關係變得比之前更好了。因為合得來，不管是逛街或出遊，在一起的時候總是充滿歡笑，透過SNS聊天也很開心。現在的她覺得，「擁有可以說實話的朋友」實在是一件很幸福的事。

「說到這個，最近身邊的人都說我好像變得開朗多了！」

聽她這麼說，我告訴她：

「你本來就是個開朗的人呀。這可不只是因為你是個好人唷！」

怨恨筆記 3

寫不完的心情

有些人在還沒開始寫怨恨筆記之前就開始擔心：

「我對那個人有太多情緒了，應該會寫不完。」

這時候我通常會這麼建議：「還是先別做太多預測比較好。」

我知道這種忍不住對還沒發生的事情想太多的心情，不過還是請先從現在你感受到的情緒，一個一個把它寫下來。

面對自己的負面情緒時，感到痛苦很正常。人在面對自己的內心時，管它是負面情緒還是正面感受，本來就會有所抗拒。尤其一直以來都壓抑情緒的人，心裡的抗拒會愈大，因為被壓抑的情緒累積太多，不確定自己是不是能好好處理。

不過這種擔心的心情，換個角度來說就好比以下的比喻。

「等了好幾天，終於有便意了。可是已經便秘好幾天了，不會多到把馬桶給塞住吧?」

實際上馬桶真的會塞住嗎?我想應該不太會發生這種事吧,不是嗎?

況且怨恨筆記是「筆記」,跟馬桶不一樣,一本寫不夠就寫兩本。實際上,對想放下丈夫或母親等關係密切的人來說,寫了五本、十本的人都不在少數。

另外,也有很多案例是怨恨筆記寫到一半,生氣的對象突然換人。例如「原本是想著前男友在寫,結果最後生氣的對象變成媽媽」,或者是「原本是針對丈夫,寫到一半卻開始對自己生氣」。

情緒本來就沒有貼標籤標示「這是對前男友的憤怒」、「這是對媽媽的憤怒」,所以這種情況經常發生。而且很多時候,人際關係都會藏著過去其他關係的影子,所以怒氣的對象中途改變一點也不奇怪。

怨恨筆記的最大原則就是將情緒一五一十地寫下來,就算對象改變,原則上也不必刻意回頭重寫,順其自然地繼續寫下去就行了。也有很多案例是針對前男友的放手練習，可是到最後連母親也一起放下了。

只不過在寫的過程中，如果強烈感覺到「自己想放下的人還是前男友，不是媽媽」，這時候就要再次修正對象，重新寫下對前男友的心情。

用這種方式一股腦地發洩怒氣的過程中，有時候會突然腦子一片空白，感受不到任何情緒。或者是準備好要寫了，可是當天卻感覺不到任何怒氣和怨氣。

遇到這種時候，就只要這麼寫：

「沒有任何感覺，所以沒有東西可以寫。」

「很想對你說些什麼，可是什麼都想不到。」

因為「沒有任何感覺」就是真實的感覺，所以就老實地寫下來。

事實上，沒有任何感覺就像情緒的「樓梯轉角」，經常會出現在某個情緒宣洩完畢，下一個情緒準備浮現之前。

而且，這個時候之所以「沒有任何感覺」，很多時候是因為過去你對接下來浮現的情緒一直感到麻痺、沒有感覺的緣故。

因此，當你老實寫下沒有任何感覺之後，突然間就會有其他情緒湧現，例如突然覺得難過，或是之前不曾有過的極度憤怒，或是莫名地覺得自己很沒用等。

這時候只要繼續把這種心情寫下來就對了。

4 享受出現在自己身上的小「變化」

對脫離幼兒期的女兒的行為感到焦慮的美咲，她在怨恨筆記中宣洩怒氣的對象，是小時候對自己嚴格管教的母親。

「沒想到我也寫得出心裡的憤怒。」

從小美咲就遵循母親的管教，「要更努力」、「要好好地做」，面對任何事情她總是告訴自己「非做好不可」而過度努力，因此心裡深藏了許多對母親的憤怒。

現在，這股怒氣經過大肆宣洩之後，她心裡突然湧現的是對母親的諒解。美咲的母親跟婆婆處得不是很融洽，可是對當時年紀還小的美咲來說，並不覺得這有什麼問題。等到自己長大結了婚之後，才突然意識到母親以前的日子有多痛苦。除此之外她也覺得，在沒有依靠的東京獨自撫養小孩的母親，跟現在丈夫不肯幫忙，只能靠自己辛苦帶小孩的自己，其實都有著相同的苦楚。

「原來媽媽當年也是這種心情。一想到這裡，原本對她的怒氣，現在已經轉變成一股全新的愛，心情也變得輕鬆多了。」

像美咲這樣**在寫怨恨筆記的過程中忽然心情變好，或是有了客觀的發現或全新看法等變化的人，其實非常多。**

這些都是發生在你身上的正面改變。把心裡的感受跟想到的一切，全部寫在筆記裡，才有辦法意識到這些正面改變。這就是寫筆記的意義。

小惠的丈夫在兩年前外遇，讓她至今仍心懷怨恨，怒氣遲遲未能得到宣

寫怨恨筆記的過程中會出現的情緒變化	
心情改變	・心情可能會變得輕鬆，完全煥然一新
發現	・原來自己那麼愛他 ・因為太愛對方了，以至於沒有發現自己一直在忍耐
評價	・總覺得自己好可憐 ・覺得自己真的很努力
全新看法	・自己雖然可能沒有惡意，可是作法和行為看起來卻不是這樣 ・我們彼此雖然都很努力，可是就是合不來

洩。於是，我同樣請她試著做怨恨筆記的練習。

大家還記得嗎？我在前面內容中提到小惠的案例時說過，「憤怒是為了掩飾真正的情緒」。後來，小惠在寫怨恨筆記的過程，也許是憤怒層被剝落了，她對自己真正的情緒有了許多新的發現。

包括這兩年來丈夫不斷受到她的苛責，內心應該承受著極大的痛苦。雖然被丈夫背叛的自己也很痛苦，不過面對自己背叛妻子的事實，他的內心肯定也不好受。而小惠之所以一直不肯原諒丈夫，其實是仗著他對自己的愛。這一切，不成熟的自己過去竟然都沒有察覺。

隨著發現這一切之後，小惠內心的痛苦漸漸得到了排解，才終於放下對丈夫外遇的執著。

後來，小惠告訴我「我想結束對丈夫的憤怒了」。這兩年來發生的種種對她來說雖然很痛苦，但是也從中獲得不少成長。她說自己接下來想用更多的感謝和愛來彌補丈夫。

「你打算怎麼跟他說？」

聽到我這麼問，她眼神一亮，開心地說：

「我已經跟他談過了，他聽完也很高興。那時候我就告訴自己：『你真的嫁了一個好男人呢。』」

要點總結

憤怒是引導自己放手的重要情緒，
堅持下去，直到看見憤怒背後的「發現」為止。

重新審視關係，讓自己朝正面改變的方法

練習 1 分別列舉出20個對方的「優點和缺點」

隨著不斷寫怨恨筆記，內心會從負面情緒中獲得解脫，看待對方的情緒也會產生變化。這就表示自己離下一步的「一封感謝的信」已經愈來愈接近了。

不過，要想從「怨恨」一下子轉變成「感謝」很困難，還是先一步一步讓自己的想法朝著正面改變吧。

接下來，請翻開一本全新的筆記本。

針對對方的「優點」和「缺點」，分別列出20項。可以根據自己的主觀來

寫就好。

這裡最重要的一點是，優點和缺點的數量一定要相同。

假使你的執念還很強烈，一定可以很快寫出優點，但是寫不出缺點。或者，如果你的內心充滿憤怒的情緒，想到的一定全是對方的缺點。

所以，優點和缺點的數量請務必相同。這是為了養成習慣盡可能客觀公平地看待對方。

「他有他的優點，也有他的缺點」，必須這麼想，才能朝放手繼續前進。

練習 2

接受各種愛的表現方法

等到能夠客觀看待對方的優缺點之後，接下來要做的是，觀察對方表現愛的方式。

愛情的表現一般有以下幾種方式，通常都是好幾種方式搭配組合出現。順帶一提，④和⑧的表現方式會讓我懷疑「這真的是愛嗎？」。不過事實上，出於愛而做出這種舉動的人，意外地非常多。

這裡的重點是，要用哪一種方式表現自己的愛，是每個人自己的選擇。同樣的，喜歡受到哪一種愛的表現，也是因人而異。

9 大愛情表現	
1	說出口
2	送禮物
3	肌膚接觸
4	擔心
5	守護
6	犧牲奉獻
7	在一起
8	順從對方
9	負責任

如果雙方喜歡的方式不一樣，付出愛的一方就會有「我的愛不被接受」的感覺，接受的一方則會覺得「對方不愛我」。這些都會導致吵架或感情不和，甚至是分手。人跟人之間的關係是互相的，除了對方表現愛的方式以外，你自己的表現方式也是關鍵之一。

對方是怎麼表現對你的愛，又希望得到什麼樣的愛？
你是怎麼表現對對方的愛，又希望對方如何愛你呢？

舉例來說，你希望對方用直接的方式表現對你的愛，例如「①說出口」和「③肌膚接觸」。不過，對方卻選擇「⑤守護」這種間接的方式來表現，所以這時候你一定會覺得對方不愛你。

這只是愛情表現不同引發的誤解，可是如果你因此感到怨恨或寂寞、難過而一直放在心裡，那就會成了悲劇。

假使你在怨恨筆記中寫下「他不愛我」的情緒，不妨回過頭想想，對方是用什麼方式表現愛？

說不定實際真相是：對方其實是愛著你的，只是表現愛情的方式跟你不同，以至於你沒有察覺到。

這裡有一點要特別注意。

就算是自己的誤解，責任也不在你身上，你不需要因此責怪自己。

你只是不曉得真相而已，只是沒有想到而已，因為你真的不知道。

你沒有錯。

既然已經知道是誤解，從現在開始，你終於可以接受對方的愛了，也能帶著感謝的心情去看待對方。

當你瞭解對方是真心愛你，表示你已經朝著放下對方又前進一大步了。

練習 3

把金錢擬人化

到目前為止的內容雖然都是以人作為放手的對象來說明，可是套用在東西上同樣適用，例如金錢或工作等。

只要把東西擬人化就行了。

心理學上經常會運用到這種擬人化的思考，在我的講座中也會用這種方式來比喻，例如我會把錢稱為「金先生」或是「諭吉先生」（譯註：福澤諭吉，一萬日圓紙鈔上的人物）。

像是前面提到對錢極端小氣又大方的誠，我就是請他試著把錢擬人化來思考。

以下是他寫下自己對金錢的印象。

「錢是動力的來源，有錢在身邊就會安心。錢同時也是個只會想到自己、不可靠的傢伙，既冷淡又冷默。」

透過這種角度去思考之後，他覺得：

「如果身邊有這種人，其實不太會想跟他做朋友……」

我也請他寫了怨恨筆記。

一開始他腦海裡浮現的是恐懼、不安等負面的情緒，可是隨著把這些情緒

金錢練習		
1	「錢就是〇〇」。 各舉出20個正面和 負面的東西 代入〇〇中。	（例）恐怖的東西、會消失的東西、需要的時候卻沒有的東西、要努力才會得到的東西、能幫助實現夢想的東西、能拓展可能性的東西、會帶來快樂的東西等。
2	你的父母看待金錢的態度 是什麼？你現在受到 他們的影響有多深？	（例）人家一拜託就輕易答應借錢的父親。總是為錢煩惱的母親。
3	如果把金錢比喻成「人」， 會是什麼個性？	（例）冷淡、冷默。

寫下來之後，他開始想起小時候關於金錢的記憶，包括人家一拜託就輕易答應借錢的父親，以及總是在為錢煩惱的母親。另外還有學生時代對金錢的記憶，一想起那時候只用兩張「夏目先生」（譯註：夏目漱石，一千日圓紙鈔上的人物）度過一個星期，他就覺得很痛苦。

讓我比較感興趣的是他這麼說：

「我原本寫的是對錢的憤怒，可是寫著寫著，怒氣的矛頭卻不自覺地變成了『人』。」

不管寫幾次都是這樣，一開始是對金錢的怨恨，後來寫的盡是深藏在心中的另一股怒氣，包括對「不顧家人辛苦，隨便亂花錢的父親」，以及對「表面上省吃儉用，私底下卻偷藏私房錢，只會給自己買新衣服的母親」的憤怒。

不僅是這樣，除了對過去的憤怒之外，對於「完全不會體諒自己為錢煩惱的心情的妻子」，他也同樣充滿憤怒。

他甚至說：

「沒想到接下來浮現的是對我自己的憤怒，因為明明是我自己決定不讓太太管錢，卻還要怪她不體諒我，因為這樣隨便生她的氣。」

也就是說，他透過寫怨恨筆記，發現自己其實是最糟糕的人，感覺到強烈的自我厭惡。

所幸他在工作上充滿自信，自我肯定感不算低，所以最後成功幫自己克服自我厭惡，順利地接受自己的這項缺點。雖然對自己隱藏的真正想法感到震驚，不過他也很慶幸能夠客觀地瞭解自己也有這樣的一面。

聽說後來他也跟太太道歉了：

「對不起，一直讓你感到無所適從……」

要點總結

瞭解執著的對象有優點也有缺點，
才能朝著放手往前更進一步。

過去的一切都是有意義的

自己從對方身上學到的東西

透過怨恨筆記整理內心的情緒，得到新的發現之後，你會感覺到自己的內心已經做好準備要放下執念。

如果想接下來走得更穩固，你需要的是練習肯定這之前發生的一切。

在這裡先問你一個問題：

跟那個人的相遇，以及共同走過的日子，讓你得到什麼學習和成長？

注意到了嗎？我問的不是「有沒有」成長，而是「得到什麼」成長。
之所以這麼問是因為，你的學習和成長是無庸置疑的。

也許你會覺得在執著的痛苦中沒有值得學習的東西，不過我認為：
問題（傷痛）的大小跟收穫的多寡是相當的。
若你感到極度痛苦和悲傷，同樣的，你也會從中不斷成長和學習，並且得到收穫。等到克服問題之後，你的想法會改變：
「真慶幸遇到那樣的問題，我才能得到這麼棒的東西（收穫）。」

在「多重執念」一節中提到的裕子（執著於丈夫、公婆和房子）在跟丈夫離婚的時候，她心裡想的是：
「這一場婚姻，其實全都是為了讓我遇見這對溫柔的公公和婆婆。」
對於給她這個機會的丈夫，如今她只有充滿感謝，謝謝從遇見丈夫到現在所發生的一切。最後，她帶著這股感謝的心情，邁向自己嶄新的人生。

透過跟那個人的相遇和關係，自己學習到的成長——經過前面的練習之後，現在的你，想必應該已經想到不少東西了才對。

不過，也說不定其實什麼都沒有想到。這也是一個很大的發現。因為這表示在你心中，或許還殘留著某些沒有處理乾淨的負面情緒。

如果是這樣，請再回到怨恨筆記的階段。

把想到對方時的感受，一五一十地重新寫下來。等到覺得心情暢快、輕鬆了之後，再回頭思考這個問題：

跟那個人的相遇，以及共同走過的日子，讓你得到什麼學習和成長？

怨恨筆記的處理方法

最後要說的是關於怨恨筆記的處理方法。

出乎意料地經常有人會問：「我應該再回頭去看看那些寫在怨恨筆記裡的內容嗎？」關於這個問題，我又要用不衛生的比喻來回答了。

各位，你會想把馬桶裡的大便特地撈起來再看一眼嗎？

……

不會吧，所以對待怨恨筆記也是一樣，寫過的內容就沒有必要再去看它。甚至還有人是每寫完一頁就撕掉丟到垃圾桶。

同樣的，寫完的筆記本也最好盡快處理掉。

我的客戶就曾經發生過這樣的事情，她把寫完的十本怨恨筆記鎖在保險箱裡，沒想到偶然間被先生發現……

據說他完全沒辦法接受那些內容。

值得慶幸的是，裡頭寫的是她對母親的怨恨，所以不至於造成婚姻危機。

怨恨筆記裡寫的內容幾乎可以說是「怒火」，可以的話燒掉最好，心裡也會比較舒暢。

事實上，過去在諮商者之間確實曾經舉辦過所謂的「怨恨筆記焚燒大會」。

「總覺得暢快多了！」

「心情都變好了！」

參加者個個都開心地把自己的怨恨筆記丟入火中燒毀。

不過，現在的房子幾乎都沒有可以燒東西的地方了，所以撕下來揉一揉丟掉，或是用碎紙機切碎，當成可燃垃圾丟掉，都是不錯的方法。

就算沒有燒掉，當你把寫滿負面情緒的筆記從身邊丟掉之後，不可思議地你會感覺到心裡暢快許多。

要點總結

現在的你，有了哪些成長呢？
如果想不到，就再回到怨恨筆記吧。

［實踐篇］
放手練習

第 7 章

說出心中的感謝重新開始

寫給那個人的感謝信

感謝單純的愛

在上一章的最後，你重新審視了自己在跟對方相遇和生活的過程中，得到的學習和成長。過去的一切，對你來說都是有意義、有價值的。

如果你已經找到這些答案，現在你可以朝下一步前進了——

給那個帶給你學習的人，寫下你的感謝吧。

這封「感謝信」可以說才是放下執念最重要的一步。

對於人生中沒有東西需要放手的人而言，這句話會讓他們感到不解。因為他們會覺得，那個過去讓你這麼痛苦、現在你選擇要放下的人，對他還有什麼感謝可言呢？

可是，透過怨恨筆記宣洩完各種負面情緒的你，應該二話不說馬上就能接受我的這個提議。因為，當情緒宣洩完之後，在你心裡還應該留著當初一開始對那個人的單純的愛。

「只要有他在，我就覺得很幸福。」

這封信的目的是把這份愛寫下來，而不是送出去。

- 此刻自己對他的感謝
- 當初能認識他真好
- 從跟他的關係中得到的學習和成長
- 經過過去發生的一切，自己的成長
- 幸虧他是這樣的人

信的內容只要寫下對那個人的感謝就好，任何方式都可以，大概就像結婚典禮上唸給父母的一封信那樣的感覺。

當然，很多人一時之間不知道要寫什麼，就像想放下對金錢的執著的誠。於是，他為自己安排了一項功課——每天寫下對金錢的感謝。經過兩個星期後他再來找我，臉上的表情明顯柔和許多，因為他已經找到自己對金錢的感謝心情，這讓他非常開心。

這封感謝信同時也是讓你自己用來確定，心中感覺已經從負面轉變成正面。

列出一百個感謝

這封感謝信不是要給對方看的東西，所以簡單條列式地寫也沒關係。

我經常要求客戶做一件事：

「請你列出對那個人的一百個感謝。」

「什麼！要那麼多？」

幾乎每個人都會被這個數字嚇到。不過，就算一下子寫不出來這麼多，花一兩個月的時間慢慢寫，其實大部分的人都能寫得出來。

以前我自己也嘗試過，最後對母親的感謝清單兩個月就完成，對父親的則花了三個月。我並沒有每天寫，所以這個結果應該能作為大家的參考。

寫完之後再回過頭去看這一百個感謝，我的心裡感受到一陣溫暖。

我真心覺得：「能有這樣的父母親，真是太好了。」

之所以說這封信不會給對方看到是因為，把它當成「一封不會寄出去的信」來寫，才能沒有顧忌地寫出心中真正的感謝。

實際上要不要交給對方都可以，全憑你自己決定。

如果對方知道你的痛苦，同時他自己也承受著相同的痛苦，那麼這封信就有可能成為他重要的救贖。

充滿愛的內心

在寫感謝信的過程中，有時會猛然想起已經忘記的憤怒和難過。如果只是剛開始還好，有時候會莫名感到焦躁，或是對於過去發生的事情感到厭惡。曾經有個諮商者說：「當我正準備要寫給母親的感謝信時，那股對她的怨恨又浮上心頭，我自己也嚇了一跳。」

為了預防這種狀況發生，請把怨恨筆記放在一旁備用。一旦出現負面情緒，就馬上翻開怨恨筆記，把這些情緒寫下來。

等到心情舒暢之後，再回來寫感謝信。

只不過，負面情緒有可能不一會又再出現，這時候就再回過頭翻開怨恨筆記來寫。

一面感謝，一面宣洩怨恨。隨著兩方不斷交叉進行，最後就連你心裡殘留的負面情緒，都會漸漸獲得釋放。

接下來，感謝的「愛」會慢慢進駐你內心空出來的空間，填滿你整個心靈。

這就是這封感謝信最大的收穫。

要點總結

對帶給自己成長的一切，寫下你的感謝吧。

這封信就由你決定要不要交給對方。

等在前方的幸福未來

把放手之後的心情說出來

放手練習的最後一步是「邁向嶄新世界的想像練習」。在這個階段，你要解開和那個人之間的枷鎖，抱著對方說出你的感謝，然後推開通往嶄新世界的大門邁步向前。

你真正放下的不是那個人，而是你執著的心。所以在這個練習的最後，你必須勇敢踏向一個「沒有那個人的世界」。

一次做不到沒關係，一次再一次地嘗試、練習，慢慢習慣放手之後的感覺，也就是將那個人留在原地、轉身關上新世界的大門之後的感覺。

在想像的過程中，你要不斷地這麼說：

「你已經自由了。
你可以去任何地方，
也可以留在這裡。
我支持你的選擇。
你已經自由了。」

這個時候要做的是決心放下執念。

「結束這段痛苦的關係吧，放下對他的執著（解開枷鎖），還對方自由。」

這是你的決定。

這個決定雖然令人害怕，不過是出於愛的決定。倘若你心裡還有一絲欲求，肯定會想繼續鎖住對方，不讓他逃走。可是為了對方，也是為了自己，你知道解開枷鎖是最好的決定。

解開枷鎖之後

透過想像，你要鼓起勇氣解開跟那個人之間的枷鎖。

你告訴自己，這麼做之後，那個人就會從你身邊離開。

可是，如果解開了枷鎖，那個人還是繼續留在你身邊，或者是雖然離開了，最後又回到你身邊，那麼，你會有什麼感覺呢？

你會感受到愛。因為你知道，那個人不是因為被你綁住，而是憑自己的意志願意留下來。

可是，假如在想像中，他最後沒有選擇留在你身邊呢？

那當然是既悲傷又痛苦的結果，你也許會因此責怪自己的決定。

不過，因為是你自己鼓起勇氣放手，所以你會支持對方的選擇，而且反而會想起過去對方所受的痛苦。

換言之，解開枷鎖這種「愛的行為」，會為你帶來如此驚人的成長。相較於過去緊緊抓住對方的時候，現在的你有魅力多了。

最重要的是，現在的你應該能感受到解開枷鎖之後的自由。

過去執著於對方的時候，你的手中一直緊緊抓住沉重的枷鎖。現在枷鎖沒了，重獲自由的雙手變得十分輕鬆，於是你能站起身來，看見更寬闊的世界，發現過去沒有注意到的風景。

這些都是放下執念後，你會感受到的自由。

空蕩蕩的心

經過這個階段的想像練習之後，很多人會覺得心情煥然一新，變得很輕鬆。不過相對地也可能會感到內心極度空虛、茫然若失，甚至是感到另一股憤怒和難過。

這時候不用緊張，就把這些心情全寫在怨恨筆記裡。

有些時候，因為過去那個人佔了你內心太大的空間，以至於放下執念之後，你會感覺心裡空出一個大洞。除了空虛之外，更多的是不知道自己要做什麼、失去動力的感覺。

這是因為過去你花了太多精力在執著上，如今放下執著，這些精力便頓時失去目標。換句話說，這些反應證明了你已經成功放下。

這時候就保持這樣就好。不要為了怕無聊，於是急著找事情做，或是對某個目標投入熱情。內心在毫無防備下這麼做，很可能會引發另一種執著。就讓空洞繼續存在無所謂。或者，你也可以把這種心情寫在怨恨筆記裡。

接著從下一頁，就讓我們開始進入放下那個人的想像練習吧。

要點總結

在過去的世界跟那個人說出你的感謝。
在嶄新的世界，你將遇見真正所愛的人。

解開你跟那個人之間的枷鎖，
邁向嶄新的世界吧

邁向嶄新世界的想像練習

接下來就開始進行放下那個人的想像練習。這個部分的篇幅比較長，大家可以一面看著書一面在腦中想像畫面。過程中可能會流淚，所以請挑選適合的場所進行。

那麼，我們就開始吧。

1

▼ **你的眼前站著那個你決定放手的人。**

- 他的表情是什麼？
- 看著他的表情，你的感覺是什麼？
- 深呼吸，好好感受自己現在的感覺。

2

▼ 回想你跟對方發生過的事情。

・一起歡笑、開心、快樂、痛苦、難過、生氣、寂寞、害怕的事，不知道自己該怎麼做才好的事……

・先闔上書，好好感受這些回憶。

3

▼ 你低下頭，

看見自己和對方的腳上套著一條沉重的鎖鏈。

原本應該是自由的兩個人，

卻不知道從什麼時候開始，

被「執著」的鎖鏈緊緊拴在一起……

4

▼ 你抬起頭，看著對方的眼睛。

接著你告訴他：

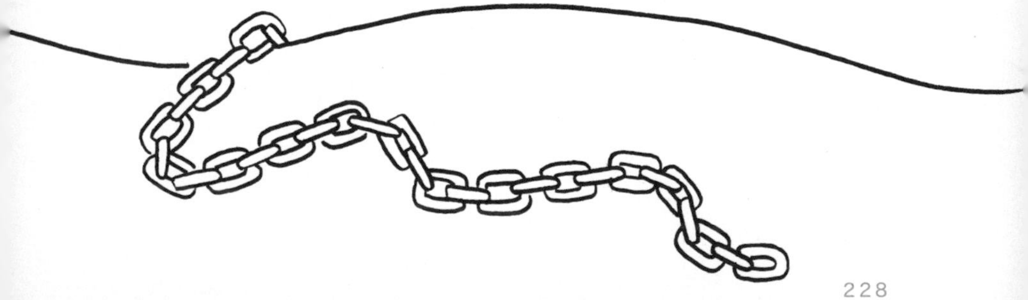

「今天，我要放下你，還自己自由。」

5 ▼ 你把心裡的感謝告訴對方。

「謝謝你遇見我。」

「我很開心有你當我的〇〇，
我也很開心當你的△△，謝謝你。」

・〇〇和△△請代入你和那個人的關係。
例如〇〇＝母親，△△＝女兒

・把書闔起來，想像面對著那個人跟他說
「謝謝你當我的〇〇」。

6 ▼ 再次感受你現在的心情。
同時再看著對方的表情。

・對方的表情跟剛才一樣嗎？還是不一樣？

7

再一次深呼吸，向前踏出一步，
展開雙臂，輕輕地抱住對方。

8

用你的雙手和全身，感受對方。

・熟悉的氣味
・熟悉的感覺

9

深呼吸，把剛才說的話，在對方的耳邊再說一遍。

「謝謝你遇見我。」
「我很開心有你當我的○○，
我也很開心當你的△△，謝謝你。」

10

慢慢放開雙手，離開那個人的身邊。

・你的心情如何？

11

▼ 感受著當下的心情，再次低下頭來。
地上有一把鑰匙，
是打開兩人腳上鎖鏈的鑰匙。

12

▼ 你撿起鑰匙，
把鑰匙插入鑰匙孔中。
「鏘！」你和對方腳上的鎖鏈解開了。
現在，你們兩人都恢復自由了。

13

▼ 你看著對方，告訴他：
「你已經自由了。
你可以去任何地方，
也可以留在這裡。

我支持你的選擇。
你已經自由了。」

14 ▼ 你深呼吸，往後退一步。

・感覺離對方稍遠

15 ▼ 再退一步，再一步，
慢慢離對方愈來愈遠。

・感覺對方離你愈來愈遠

16 ▼ 再退一步，再一步……慢慢深呼吸，
用遠方的他聽得到的聲音，
把剛才的話再說一遍：

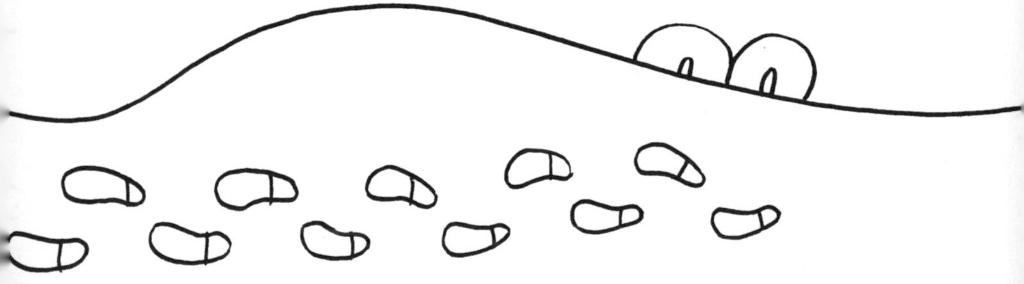

「謝謝你遇見我。」

「我很開心有你當我的○○，

我也很開心當你的△△，謝謝你。」

17

▼

轉身背向對方。

・感覺背後對方的氣息

他也轉身背對著你

18

▼

你背對著對方，往前踏出腳步。

・對方也往前踏出腳步

兩人的距離愈來愈遠

19

▼

一步，再一步，離對方愈來愈遠。

・感覺背後對方的氣息

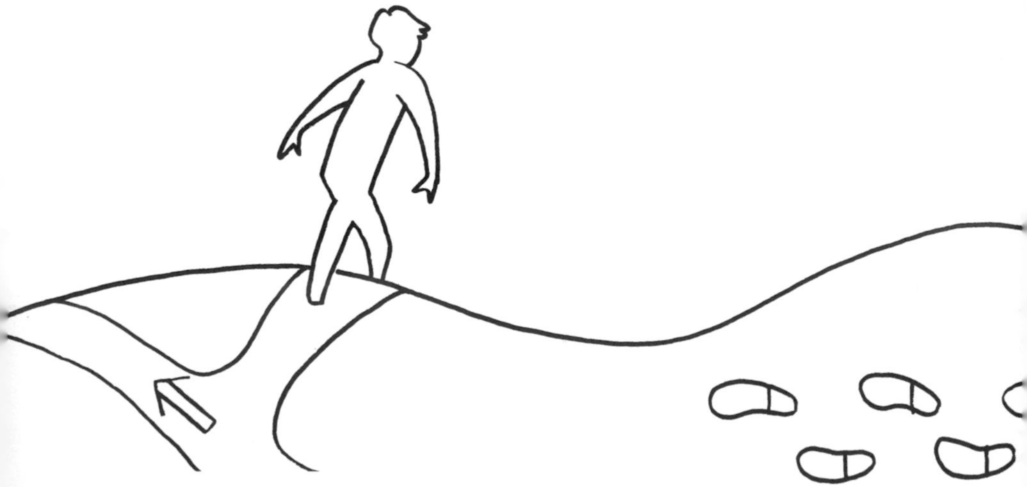

・對方的腳步聲漸漸變遠，愈來愈小聲

20

▼ 你放開對方，朝自由的世界邁出腳步。

對方也用他自己的方式，朝自由的世界走去。

・一步，再一步，你朝著未來向前走去

21

▼ 在你的前方出現一扇白色大門。

你朝著那扇門慢慢走去。

・門的後面是沒有那個人的「嶄新世界」

22

▼ 你伸手握住門把，慢慢地打開。

你穿過那扇門，從身後把門關上。

過去那個世界的大門被關上了，

在你眼前是個嶄新的世界。

・那是個什麼樣的世界？

・你把身體靠著門，慢慢深呼吸

23

▼

你最重要的人（朋友、家人、夥伴）
從前方朝著你走來。

・大家臉上都掛著笑容

・唯一不在的，是門後過去的世界的「那個人」

24

▼

大家把你團團圍住。
其中一個人緊緊把你抱住。

・那個人是誰？

25

▼

那個人緊緊抱住你，跟你說了以下這段話。
其他人也輪流擁抱你，跟你說同樣的話。

「辛苦你了，你做了很棒的決定，
我都有看到唷，
所以不要忘了，你不是自己一個人。」

・不斷深呼吸，用全身感受這句話

26

▼ 慢慢張開眼睛。

你眼前看到的是什麼樣的世界？

・景色跟先前有不一樣嗎？

・你現在的心情如何？

・再一次把書闔上，深呼吸，感受自己現在的心情

現在，你終於成功放下那個人，來到嶄新的世界。

你能放下執念，當個懂得愛的人嗎？

你真的很愛那個人，所以想一直跟他在一起，希望能得到幸福快樂。可是因為某些誤解，你和那個人之間出現了裂痕。

你努力想挽回對方的心，可是那只有讓對方感到痛苦。你看到對方這樣，也覺得很痛苦，不知道接下來該怎麼辦，心裡只剩下絕望。你不想失去對方，只能繼續緊緊抓住他。

可是，當執著變淡之後，你突然意識到：

「如果自己深愛的那個人能夠幸福快樂，就算我不在他身邊，只要我愛著他，又有什麼關係呢？」

為了深愛的那個人，自己放開手也沒關係。

這是很痛苦的決定，但是心中感受到的是溫暖幸福的感覺。

因為這就是愛。你放棄了自己的欲求，選擇了愛。

聽起來是不是很夢幻的情節呢？不過，這其實是關於放下執念與愛，十分重要的故事。

〔我做不到〕

也許現在你會這麼覺得，所以我並沒有要你「馬上就這麼做」，只是想請你稍微想像一下而已。

不想讓深愛的人痛苦，所以選擇放手——能做到的人，都非常非常地堅強，而且是個充滿魅力而成熟的人。

能放下執念的你，其實是個懂得愛的人。

〔放手練習範例分享②〕

守候在新世界的結婚對象

——麻衣

放下對不倫對象和母親的執念之後，麻衣結束了不倫關係，重新努力尋找結婚對象。後來她在某個聯誼活動中認識了一個男生，第一眼就覺得「就是這個人！」。

對方的職業欄只寫著「醫療相關人員」，不過其實他和麻衣的父親一樣是個醫生，也是同一所大學畢業，專業領域也很相近，而且在家排行老二，所以沒有繼承家業的壓力。兩人的戀情進展得十分順利，認識才一個月就決定結婚了。

最讓麻衣高興的是，對方工作的地方離麻衣的老家只要幾十分鐘的車程，所以兩人的新家就選在老家附近。

麻衣的母親也很高興，甚至決定以後要把老家改建成兩代同堂的房子，讓麻衣和先生搬回來一起住。最開心的是兩人才結婚沒多久，麻衣就懷孕了。這速度之快，連我也嚇了一跳。

［放手練習範例分享③］

放手後又回到身邊的「金先生」

——誠

誠決定讓太太來打理家裡的財務，後來我問起他的狀況，他說：

「也許是因為有太太幫忙掌管家計，讓我有多餘的心思可以投入工作，所以現在我不但加薪了，諮商結束半年後，我們家的經濟狀況也好轉許多。」

據說就在他放下執念，心情變輕鬆的時候，公司也正式掛牌上市。

「手中的公司股票讓我的存款一口氣增加了不少。原來放下對金先生的執念之後，他會以更美好的方式回到身邊。」

其實公司掛牌上市是之前就做好的決定，只是誠不曉得罷了，所以這一切應該只是巧合。只不過不知為何，放下執念後，總是會有這種巧合發生。

我不喜歡的自己

想放下自己

在157頁處曾引用了一份針對「你想放下誰？」的問卷調查結果，其中不少人想放下的不是別人，而是「自己」。

- 只會否定自己的自己
- 在意他人眼光而無法做自己的自己
- 相信自己的感情不會幸福的自己

放下這樣的自己，等於是跟自己對抗。這是個把自己的個性、價值觀、情緒等自我內在（潛意識）全部改寫的大工程，過程中一旦無法客觀審視自己，很容易就會造成混亂，所以我不建議大家輕易地拿自己當成放手的對象。

不過另一方面，這麼做也有不少好處，包括學會用客觀的角度看待自己，認同自己的價值，懂得感謝自己。真要說的話，這就是一種思考方法，對某些人來說，也許學會放下自己才是件好事。

請先準備好一本全新的筆記本，照著接下來的練習寫下來吧。

1

準備

回答問題，做好決定

〔1〕決定對象——想放下什麼樣的自己

①在筆記本上寫下「我要放下〇〇的自己」

②把這句話唸10遍，要唸出聲音來

透過下定決心，做好斬斷過去思維模式的心理準備。

〔2〕找出理由——為什麼要放下自己

①在筆記本上寫下「因為～」，只能是正面的理由

多花一點時間沒關係，盡量多寫幾個正面理由，最好是會讓你心動的理由。這麼做能讓放手變成一件「開心的事」。

〔3〕決定目標——想變成什麼樣的人

①想像放手後的自己是什麼樣子

②在筆記本上寫下「我要放下〇〇的自己，成為△△」

③把這句話唸10遍，要唸出聲音來

盡可能想像「變成△△的自己」是什麼樣子，愈真實愈好。

2

接納

肯定現在這樣的自己

①在一開始寫的「我要放下〇〇的自己」旁邊，寫下「〇〇的自己也沒關係」

②把「〇〇的自己」圈起來

③把「〇〇的自己也關係，因為那就是現在的我」唸十遍，要唸出聲音來

這個步驟是讓放下自己的第一步是從「肯定思維」開始。對後續的步驟來說，這麼做會比從否定思維開始進行得更順利。

3

理解

接受現在這樣的自己

〔1〕找出理由——為什麼會變成現在的樣子

①以「因為〇〇，沒辦法才~」的方式寫下理由

這裡的目的不是為了找出原因來責怪自己，而是用肯定的態度去理解以前的自己。不需要追求真相。找出肯定的理由能幫助自我肯定感的提升。

〔2〕找出好處——這樣的自己有什麼好處

①在筆記本裡寫下各種想得到的好處

「因為這樣的自己，所以有什麼好處。」

（例）因為遭朋友背叛，從此選擇孤獨一人，不再對人敞開心胸。

＝「因為只有自己一個人，所以不用擔心會被誰背叛。」

②把以下這段話唸出聲音來

「〇〇的自己幫了我很多忙，可是現在它的任務結束了，我要放下它，朝下一個階段前進。」

發現好處能幫助自己用肯定的態度接受這樣的自己是「必要的」。換言之就是不再自我否定。

4

蛻變

輸入新的價值觀

〔1〕建立想像——放下這樣的自己之後，想變成什麼樣的自己

①想像一個更正面的自己

②在筆記本上寫下「變成△△的自己之後就能～，太棒了！」

如果內心對於想像到的正面答案有所抗拒，不妨改用比較真實的說法來改寫。答案最好要能讓自己心動。

〔2〕把這句話經常掛在嘴邊——「變成△△的自己之後就能～，太棒了！」

①把〔1〕的答案經常放在嘴邊

（例）每次走路到車站搭車時一定邊走邊說，或者是每次上廁所時一定這樣自言自語。

這種肯定的自我喊話叫做「affirmation」（自我肯定），透過不斷複誦，

可以將新的價值觀輸入潛意識中。只要3個禮拜的時間，這句話就會變成你的口頭禪。

〔3〕尋找證據——「新的價值觀一點也沒錯」

①找出正確的理由，寫在筆記本裡

目的是給新的價值觀找到合理的說法。除了讓自己更容易放下舊的價值觀以外，同時也把新的價值觀輸入潛意識中。

把問題想作是「請說明為什麼這個價值觀是對的」來思考就對了。

〔4〕尋找模仿對象——找找看有沒有人是用這種價值觀生活

①如果是身邊的人更好（名人也可以）

②實際觀察對方，感受真實感

③在心中把對方視為「導師」

心理學上稱這種方法為「modeling」（模仿），經研究證實確實具有效果。透過接近模仿對象，新的價值觀會自然而然輸入自己的潛意識中。

〔5〕讓想像具體化——拿擁有新的價值觀的自己跟過去比較

①思考不同狀況下各有哪些改變

（例）工作時問自己：「如果是嶄新的自己會怎麼做？」

買東西時問自己：「如果是嶄新的自己會選哪一個？」

利用每天泡澡之類的時間回想一整天發生的事情，如果對於某些事情覺得「那時候要是這麼做就好了」，就改用「擁有全新價值觀的自己會怎麼想」來重新思考答案。

〔6〕將想像變成真實——真實地想像嶄新的生活

①在腦海裡想像「嶄新的自己某一天的生活」

從早上起床到晚上睡覺為止，盡可能真實地想像。就算脫離現在的生活也無所謂。能夠做到這一步，表示嶄新的自己已經存在你的潛意識中了。

5 同化

跟嶄新的自己成為朋友

① 想像嶄新的自己
② 跟那個自己閒聊
（例）「你放假都做什麼？」「工作開心嗎？」「喜歡現在的自己嗎？」
③ 跟那個自己聊聊關於未來的問題
（例）「下星期的簡報讓我很緊張，我該怎麼做？」
「改天朋友要介紹對象給我認識，你覺得我應該怎麼穿比較好？」
「我又跟我媽媽吵架了，不自覺地就吵起來了，你說我現在該怎麼辦？」

現在，你對於嶄新的自己的生活已經瞭若指掌，一想到嶄新的自己的模樣，腦海裡應該會浮現出一個具體的形象。

這個嶄新的自己在你潛意識裡扎得愈深，當問到未來志向的問題時，你會得到肯定、正面，而且是像你會說出來的答案。

* * * *

以上的練習結束之後，短時間內你可能感覺不到自己的改變。不過實際上，無論是在工作上或生活中，你說的話已經漸漸出現變化了，就像想像中那個嶄新的自己會說的話一樣。

最先發現這一點的，會是你身邊的家人、朋友和夥伴。他們一定會跟你說：

「說得真好！你好像變得不一樣了，發生什麼事了嗎？」

這句話就是最好的鐵證，證明你已經成功放下過去的自己，轉變成一個嶄新的你。

送給想稍微改變自己的你

以上介紹的方法是會給你的潛意識帶來極大轉變的正統作法，可以說會改變你整個人生，包括從小養成的情緒和思維模式。

不過在這當中，有一些應該是比較簡單的改變需求，像是「情況不至於那麼嚴重的事」或「沒多久之前的事」等。

因此，這一節的內容會介

放下「我討厭這樣的自己」的念頭	
1	寫下你討厭的自己（準備小張便條紙，一張寫一個）。
2	隨便拿起其中一張紙條，專心看著上面寫的內容。
3	回想那樣的自己發生過的事情，以及那樣的自己帶來的厄運（你自認為）。
4	向自己宣告「我要放下這樣的自己！」，然後將手中的紙條揉一揉，丟進垃圾桶。
5	接著深呼吸。
6	繼續拿起下一張紙條，重複以上步驟，直到把所有紙條都丟掉為止。

紹一個比較簡單的方法，讓大家運用在日常中，使生活能夠更游刃有餘、活出自我。

最後，我有一句話要送給大家。

你發現了嗎？

你現在正一點一滴地改變中，我想你一定有發現了。

現在的你，再也不會受傷了。

要點總結

放下你緊緊抓在手中的東西，幸福才會源源不絕而來。

放下執念，
找到通往幸福的道路

「もう傷つきたくない」
あなたが執着を手放して「幸せ」になる本

放下執念，找到通往幸福的通路 / 根本裕幸作；賴郁婷譯. -- 初版. -- 臺北市：春天出版國際文化有限公司, 2023.08
面 ； 公分. -- (Better ; 36)
譯自：「もう傷つきたくない」あなたが執着を手放して「幸せ」になる本
ISBN 978-957-741-598-1(平裝)

1.CST: 臨床心理學 2.CST: 心理治療

178.8 111014896

Better 36

作　　者 ◎根本裕幸
譯　　者 ◎賴郁婷
總 編 輯 ◎莊宜勳
主　　編 ◎鍾靈
出 版 者 ◎春天出版國際文化有限公司
地　　址 ◎台北市大安區忠孝東路4段303號4樓之1
電　　話 ◎02-7733-4070
傳　　真 ◎02-7733-4069
E－mail ◎frank.spring@msa.hinet.net
網　　址 ◎http://www.bookspring.com.tw
部 落 格 ◎http://blog.pixnet.net/bookspring
郵政帳號 ◎19705538
戶　　名 ◎春天出版國際文化有限公司
法律顧問 ◎蕭顯忠律師事務所
出版日期 ◎二〇二三年八月初版
定　　價 ◎380元

總 經 銷 ◎楨德圖書事業有限公司
地　　址 ◎新北市新店區中興路2段196號8樓
電　　話 ◎02-8919-3186
傳　　真 ◎02-8914-5524
香港總代理 ◎一代匯集
地　　址 ◎九龍旺角塘尾道64號 龍駒企業大廈10 B&D室
電　　話 ◎852-2783-8102
傳　　真 ◎852-2396-0050

ISBN 978-957-741-598-1